ASTRID SCHULTE
MAREN BLUM

MamaHappy

Gelassen und glücklich mit Kind und Job

1 Neue Mütter auf dem Weg zum Glück

2 Schwanger im Job

3 Working Mum

4 Familien-management

5 Eltern sein, Paar bleiben

6 Papa ist der Beste

Für Tom, Henning, Keno, Paula, Elena, Kjell und Carla – und für alle Mütter

Vorwort

Immer mehr Mütter möchten Familie und Beruf vereinbaren und sich dabei rundum wohl fühlen. Es gibt viele gute Gründe, Kinder und eine eigene Karriere zu wollen. Einige findet man in diesem Buch, andere findet jede Mutter für sich selbst.

Doch der Wunsch wirft viele Fragen auf: Wie kann ich es schaffen, eine gute Mutter zu sein, auch wenn ich meinem Beruf nachgehe? Wie kann ich mit Kind beruflich vorwärtskommen? Wie bringe ich die Energie auf für das Lebensprojekt »Working Mum«? Kann ich trotzdem entspannt und glücklich sein? Und leidet nicht die Partnerschaft, wenn ich versuche, in beiden Welten zu Hause zu sein?

Mit diesem Buch möchten wir Müttern Mut machen, ihren eigenen Weg zu finden zwischen Kindern, Karriere und Liebe. Wir geben handfeste Tipps, wie jede Mutter die Balance schaffen kann und sich selbst dabei treu bleibt. Vom Wiedereinstieg in den Job bis zur Karriereplanung, vom Familienmanagement bis zur glücklichen Paarbeziehung: Dieses Buch gibt Antwort auf alle wichtigen Fragen und hilft praktisch weiter – jetzt gleich, im Hier und Heute.

Wir wünschen allen Müttern viel Vergnügen mit MamaHappy!

Astrid Schulte
und Maren Blum

Neue Mütter auf dem Weg zum Glück

1

1

→ Ein Kind stellt das Leben auf den Kopf. Alles wird anders, und vieles wird schöner! Dennoch bedeutet ein Kind zu haben nicht automatisch, dass Mütter ihr Berufsleben an den Nagel hängen. Eine positive Einstellung ist schon der erste Schritt hinein in ein erfülltes Leben zwischen Familie und Beruf.

Kind oder Karriere?

Ich will beides!

Für Mütter in Deutschland stellt sich heute meist nicht mehr die Frage, grundsätzlich zwischen Kind und Beruf zu wählen. Sie wollen ein Leben in Balance. Sie wollen für ihre Kinder eine liebevolle, warmherzige Mutter sein. Und sie wollen im Beruf etwas leisten und ihre eigene Karriere verfolgen. Eine 2007 im Auftrag der Zeitschrift »Brigitte« durchgeführte Studie unter 20- bis 29-jährigen Frauen ergab, dass die überwältigende Mehrheit der kommenden Müttergeneration beides will: Kind *und* Beruf. Das bedeutet, dass vieles, was gestern noch galt, heute ganz anders ist. »Eine Mutter gehört zu ihrem Kind«, hieß es früher. Und damit meinte man: »Eine Mutter gehört zu ihrem Kind, nach Hause, an den heimischen Herd.« Auch wir glauben: »Eine Mutter gehört zu ihrem Kind.« Und damit meinen wir: »Eine Mutter liebt ihr Kind. Sie gehört zu ihm, und das Kind gehört zu ihr. Und auch, wenn sie einen Beruf hat und nicht rund um die Uhr bei ihrem Kind ist: Das Kind weiß, dass es jederzeit auf die Liebe seiner Mama vertrauen kann.«

ERFAHRUNGSBERICHT

ASTRID: *Im Vergleich zu meiner Mutter habe ich die Freiheit, nicht zwischen Familie und Beruf entscheiden zu müssen. Meine Töchter werden das einmal als Selbstverständlichkeit empfinden – eine sehr gute Entwicklung, finde ich.*

Die Welt der Mütter ändert sich

→ Abschied vom Perfektionismus

Wir Frauen wollen Spaß haben am Leben und uns nicht zwischen unerfüllbaren Ansprüchen zerreiben. Immer und überall perfekt sein? Wir wissen, dass das unmöglich ist. Stattdessen sind wir lieber da gut, wo es uns wichtig ist, und machen Kompromisse, wo es nicht so drauf ankommt. Denn für uns zählt vor allem eines: Glücklich sein. Die wichtigste Voraussetzung, damit auch unsere Familie glücklich ist.

→ Tschüss Doppelbelastung – hallo Doppelfreude!

Familie und Beruf zu haben galt und gilt auch heute noch häufig als Doppelbelastung. Das klingt nach Mühsal, nach Dauerstress, nach »viel zu viel«. Wir sehen das anders. Wir genießen es, Mutter zu sein – und genauso die Herausforderungen der Berufswelt. Es muss ja nicht die Topkarriere sein. Aber wenn eine Karriere gut zu unserem Leben passt, warum nicht? Wir Frauen sind oft sehr gut ausgebildet. Wir haben Ehrgeiz bei dem, was wir tun, und wir haben viel Spaß daran, kompetent zu sein. Beruf und Familie? Manchmal ist es zwar doppelt so anstrengend, sich in beiden Welten zu bewegen, aber meist auch doppelt so schön!

→ Wichtig: Unabhängig sein

Die Scheidungsrate in Deutschland liegt seit Jahren über 50 Prozent. Das Prinzip der Versorgerehe mit einem männlichen Familienernährer und einer Hausfrau und Mutter ohne eigenem Einkommen verliert an Bedeutung. Hinzukommt, dass die jüngste Reform des Unterhaltsrechts Mütter im Falle einer Scheidung schlechter stellt als früher. Unterhaltsansprüche an den Ex-Partner sind künftig zeitlich befristet, vorrangig haben nur die Kinder einen Anspruch auf Unterhalt.
Kurz: Die Ehe ist heute für Frauen keine Garantie mehr, ein Leben lang finanziell versorgt zu sein. Der eigene Beruf und selbst verdientes Geld sind deshalb heute mehr denn je ein wichtiger Beitrag zur finanziellen Unabhängigkeit vom Partner. Davon abgesehen stehen viele Frauen gern auf eigenen Füßen.
Auch wenn es anstrengend erscheint, solange die Kinder noch klein sind, und man unsicher ist, ob es zu schaffen ist, eine gute Mutter *und* im Job erfolgreich zu sein: Oft ist nur ein kleiner erster Schritt in Richtung berufliche Eigenständigkeit nötig, und schon hat man ein großes Stück mehr Selbstvertrauen gewonnen. Alles weitere passiert dann (fast) von allein …

ERFAHRUNGSBERICHT

MAREN: *Der Wechsel zwischen den beiden Welten »Familie« und »Beruf« berührt ganz unterschiedliche Seiten der Persönlichkeit. Mit den Kindern sind wir Mütter warmherzig, fürsorglich, liebevoll und einfühlsam. Im Job spielen ganz andere Fähigkeiten eine Rolle: Intellektualtität, Durchsetzungsvermögen, Kreativität. Es ist schön, all diese Anteile ausleben zu können.*

→ Liebe & Partnerschaft: Mehr Augenhöhe, mehr Harmonie

Natürlich gehört zu einem erfüllten Leben für viele Frauen auch eine harmonische Partnerschaft. Für die kommenden Müttergenerationen liegt der Fokus dabei mehr auf echter Gleichberechtigung und weniger auf einer klassischen Rollenverteilung. Die oben erwähnte »Brigitte«-Studie zeigt, dass Frauen sehr viel Wert legen auf Partnerschaft und Treue. Und sie wünschen sich den Liebsten nicht als Pascha oder Patriarch, sondern vielmehr als liebevollen, gleichberechtigten Partner, mit dem sie sich die Aufgaben des Familienlebens teilen, der ihnen ihren Freiraum zugesteht und ihre Eigenständigkeit unterstützt.

Neue Väter: immer zahlreicher

Auch die Männer zeigen, dass sie die gesellschaftliche Veränderung begrüßen. Väter möchten heute teilhaben an der Familie, möchten für ihre Kinder da sein und mit ihnen Zeit verbringen. Sie möchten nicht mehr darauf reduziert sein, das Geld zu verdienen. Väter engagieren sich heute deutlich mehr als früher in der Familienarbeit. Immer mehr Väter nutzen z.B. die Elternzeit, um ebenfalls für ihr Kind da zu sein. Diese neue Aufgabenverteilung bringt Vätern und Müttern viele Vorteile. So sind beide Eltern an der Erziehung beteiligt, und beide sorgen für das Familieneinkommen. Das schafft neue Gemeinsamkeiten und ist ein wichtiger Schritt zu echter Gleichberechtigung.

→ Familienbild im Wandel

Eine durchschnittliche Familie sah im Deutschland der 1950er-Jahre so aus: Papa, Mama, zwei Kinder und möglichst noch ein kleines Häuschen im Grünen. Heute ist der Familienbegriff dagegen deutlich weiter gefasst: Auch die rund 2,2 Millionen alleinerziehenden Mütter und ihre Kinder sind Familien und all die verschiedenen Patchworkvarianten mit Ex-Partnern, neuen Partnern, Kindern aus aktuellen und aus früheren Beziehungen. Selbstverständlich sind die klassischen Mama-Papa-Kind-Konstellationen nach wie vor Familien. Das Familienbild der neuen Generation bringt man am besten so auf einen Nenner: Familie ist immer da, wo Kinder sind. Die neue Vielfalt der Familien bringt es mit sich, dass alte Rollenmuster von Müttern und Vätern nicht mehr funktionieren.

Die individuelle Lösung

Finden wir doch einfach unseren eigenen Weg, der zu unseren persönlichen Vorstellungen eines Familienmodells passt. Geht man seinen individuellen Familienweg, kann es immer wieder mal passieren, dass man ungebeten kritisiert wird: Die vorige Generation zweifelt vielleicht den neuen Lebensstil an, weil früher eben »alles anders« war. Oder andere Mütter aus unserem Umfeld finden unser Modell seltsam, weil sie selbst einen ganz anderen Weg zum Familienglück gefunden haben und von ihrer eigenen Variante fest überzeugt sind.
Lassen wir uns davon nicht verunsichern! Früher war keinesfalls alles besser – und andere Mütter haben eben ihren eigenen Stil. Konzentrieren wir uns einfach auf unsere Familie und unsere eigenen Bedürfnisse – schließlich ist jeder anders. Wenn wir selbst herausfinden, was wir möchten und was unsere Kinder brauchen, und uns darüber mit unserem Partner einig werden, machen wir es für unsere Familie richtig.

→ Spannend: Die Zukunft passiert jetzt!

Klar, die Bedingungen für die neuen Mütter sind noch lange nicht ideal. Die Gesellschaft ist im Umbruch, und das bedeutet, dass neue, tragfähige Modelle erst noch entwickelt werden müssen.
Doch auf dem Weg hin zu einem neuen, modernen Mutterglück stößt man noch auf viele Schwierigkeiten: Das Vorurteil, dass eine berufstätige Mutter automatisch eine schlechte Mutter ist, sitzt noch in vielen Köpfen. Das Angebot an qualitativ guter Kinderbetreuung ist teilweise sehr dünn gesät. Und in der Gesamtheit liegt der Hauptteil der Familien- und Hausarbeit auch heute noch immer bei uns Müttern. Wir sind sicher: All diese Schwierigkeiten und Hindernisse werden eines Tages überwunden sein.
Doch so lange können wir Mütter natürlich nicht warten! Bis die Strukturen in unserem Land sich an die Bedürfnisse der neuen Mütter- und Elterngenerationen angepasst haben, heißt es eben für uns: Wir müssen unsere eigenen Lösungen entwickeln. Sehen wir es einfach positiv: Wir sind Teil einer spannenden Zukunft, die *jetzt* passiert. Mit jedem kleinen Schritt hin zu einem neuen Selbstverständnis können wir konstruktiv dazu beitragen, die Bedingungen für unsere Kinder, für uns und unsere Familien zu verbessern!

EXTRA

10 gute Gründe, eine Working Mum zu sein

→ Für viele Mütter müssen wir sicherlich keine Überzeugungsarbeit mehr leisten: Sie haben an ihrem Job und an ihren Kindern viel Vergnügen. Für alle anderen sind hier die schönsten Gründe, warum es Spaß macht, eine Working Mum zu sein!

1. **Abwechslung macht das Leben spannend! Zwischen Job und Kindern haben wir garantiert keine Zeit, uns zu langweilen.**
2. **Moneten für Mama – eigenes Geld gibt Sicherheit und Spielraum, z.B. für Working-Mum-Luxus: eine Putzhilfe.**
3. **Schönster Glücksmoment des Tages: nach der Arbeit mit Freude sein Kind zu umarmen.**
4. **Karriere-Kick statt Karriere-Knick! Wer auch mit Baby Kontakt zum Job hält, bleibt auf der Erfolgsspur und – herrlich (ent)spannend – führt Erwachsenengespräche statt Baby-Talk.**
5. **Morgens: richtig schicke Outfits (ohne Schokoflecken und Fingerfarbe), nach Feierabend: richtig entspannte Outfits – ohne Fashion-Stress, dafür mit Wohlfühlgarantie.**
6. **Wer in Teilzeit arbeitet, hat Nachmittagsvergnügen! Kinderbildergeschenke beim Abholen, Eis auf dem Heimweg, Spaß auf dem Spielplatz und Spaghetti zum Abendbrot.**
7. **Am Wochenende und/oder Nachmittag mit den Kindern spielen und daran ebenso viel Spaß haben wie an einem erfolgreichen Tag im Büro.**
8. **Immer wieder Neues lernen: morgens oder tagsüber im Job – nachmittags oder abends von einem aufgewecktem Kindergartenkind.**
9. **Um 21:45 Uhr »nur mal kurz« aufs Sofa legen – und nach fünf Minuten erschöpft, aber rundum glücklich einschlafen.**
10. **Kleines Highlight zur Mittagszeit: nicht kochen, einfach nur essen!**

Das Glück beginnt im Kopf: Denken Sie positv!

Mit der richtigen Einstellung geht vieles besser: Wer positiv denkt, erreicht das Ziel »berufstätige und glückliche Mutter« leichter und schneller. Hier sind die ersten Schritte zu mehr Ausgeglichenheit zwischen Familie, Beruf und Liebe.

→ Gedankliche Barrieren beiseiteräumen

Nur weil wir Mütter sind, gibt es keinen Grund, beruflich alles aufzugeben. Nehmen wir das Muttersein lieber als Chance: Wir haben jetzt *die* Gelegenheit, unsere berufliche Situation komplett neu zu überdenken und können gegebenenfalls einen Weg einschlagen, der viel besser zu uns passt!

→ Nicht unter Druck setzen lassen

Die beste Freundin ist schon drei Tage nach der Entbindung wieder ins Büro zurückgekehrt? Die Nachbarin erzählt, wie wichtig die ersten sechs Jahre im Leben eines Kindes sind, und dass sie keine Minute davon verpassen möchte? Wie auch immer die Meinung anderer zum Thema Familie und Beruf aussieht: Wichtig ist für uns nur das, was *wir* und *unsere* Kinder brauchen. Hören wir also lieber auf unser eigenes Bauchgefühl.

→ Dogmen ignorieren

Kaum ein Feld ist so voller Ideologien und Dogmen wie das Thema Mutterschaft.

Seit Jahren tobt ein erbitterter Expertenstreit zwischen den Verfechtern des Modells »Vollzeitmutter« und begeisterten Anhängern der Kollektiverziehung in Krippe und Kindergarten. Davon sollten wir uns nicht verrückt machen lassen. Die Wahrheit ist: Beides kann für Kinder gut sein. Denn: Entscheidend ist nicht das Modell, sondern die Qualität und die Liebe, mit der es gelebt wird!

→ Sich als Team fühlen

Ob wir nun mit dem Vater unseres Kindes zusammenleben oder nicht: Wir sind zwei Elternteile, und es gibt keinen Grund, warum wir Mütter das Thema Kindererziehung und Beruf ganz allein lösen sollten. Teilen wir besser die Verantwortung für die Kinder mit dem Papa – und genießen wir das schöne Gefühl, ein starkes Eltern-Team zu sein.

→ In Lebensphasen denken

Wer zeitgleich Super-Mutter, Super-Karrierefrau und Super-Geliebte sein möchte, lebt ziemlich anstrengend. Viel schöner ist es, das Leben auch gedanklich in Phasen einzuteilen. Eine Zeitlang steht vielleicht die Familie im Mittelpunkt, das Berufliche tritt etwas zurück. Wenn das Familienleben sich eingespielt hat, können wir im Beruf wieder richtig durchstarten. Und manchmal braucht auch die Beziehung besonders viel Aufmerksamkeit und Zuwendung, und die Partnerschaft ist eine Weile im Fokus. Sehen wir es so: Das Leben ist lang, und wir haben viel Zeit für alles, was uns wichtig ist!

→ Perfektionismus ganz über Bord werfen

Kompromisse gehören nun einmal zum Leben. Es ist unbestritten, dass Mütter, die einen Job und Kinder haben, ein schönes, aber zuweilen auch sehr anstrengendes Leben führen. Statt in allen Belangen perfekt sein zu wollen und sich dauernd gestresst zu fühlen, lieber überlegen, was wir richtig gut können – und diese Fähigkeiten ausbauen.

→ Auf die Stärken der Mutterschaft vertrauen

Klar, Mutter sein bedeutet *eine* konkrete Einschränkung im Berufsleben: Unsere Zeit müssen wir zwischen Kindern und Beruf aufteilen. Doch Begrenzungen gibt es immer, auch ohne Kinder! Sehen wir lieber, wie viel wir dank der Mutterschaft hinzugewonnen haben: Mütter sind bestens organisiert, sind belastbarer und effizienter. Und sie bringen diese Stärken mit in das Berufsleben. Der stabile private Hintergrund und das Glück, eine Familie zu haben, helfen Müttern außerdem dabei, schwierige Phasen im Berufsleben leichter durchzustehen. Das wissen zunehmend auch Arbeitgeber zu schätzen!

EXTRA

Mein persönlicher Glücksschlüssel

→ Vervollständigen Sie die folgenden Sätze, und schon entsteht dabei fast von ganz alleine Ihr persönlicher Glücksschlüssel. Er hilft Ihnen, stressige Zeiten zu überwinden und positiv nach vorn zu schauen.

- Der schönste Moment des Tages ist für mich, wenn ______
- Mit meinem Kind habe ich am meisten Spaß beim ______
- An meinem Job liebe ich besonders, dass ich ______
- Wenn ich Zeit für mich allein habe, dann genieße ich am meisten, ______
- Mit meinem Partner verstehe ich mich am besten, wenn ______
- Wenn ich mich mit einer Freundin treffe, dann mag ich es besonders, wenn wir ______
- Wenn ich jetzt sofort einen Wunsch frei hätte, dann wäre das ______

→ Den persönlichen Glücksschlüssel finden

Manchmal ist das Mutterleben alles andere als das pure Glück, sondern schlichtweg furchtbar anstrengend: Das Kind quengelt, der Job stresst, die Nächte sind zu kurz? Atmen Sie in diesen Momenten einfach tief durch – und nutzen Sie Ihren Glücksschlüssel, um neue Energie zu gewinnen. Wir haben es ausprobiert und festgestellt: Es funktioniert wirklich!

Der Trick dabei: Wer Phasen der inneren Ausgeglichenheit und Zufriedenheit abspeichert, kann in stressigen Zeiten viel leichter darauf zurückgreifen.

Investieren Sie ein paar Minuten und halten Sie Ihre Glücksmomente schriftlich fest. Überlegen Sie und notieren Sie Ihre Antworten zu Fragen wie beispielsweise: »Was macht mich froh?«, »Was lässt mein Herz hüpfen?«, »Womit beschäftige ich mich am liebsten?«, »Was macht mir und meinem Kind am meisten Vergnügen?« Nutzen Sie die Liste auf der linken Seite als Hilfestellung, um Ihre Glücksmomente zu formulieren. Wenn das Leben dann mal wieder stürmisch wird, werfen Sie einfach einen Blick auf Ihre ganz persönliche Zusammenstellung. Sie werden feststellen: Manchmal reicht schon allein der Gedanke an Ihre persönlichen Glücksmomente aus, um sich in kürzester Zeit wieder wohler zu fühlen. Unser Tipp: Noch besser ist es übrigens, wenn Sie sofort etwas von den Dingen tun, die auf Ihrer ganz persönlichen Glücksliste stehen. So gelingt es Ihnen spielend, den Zustand MamaHappy wieder herzustellen!

Was sie sind, schreiben die Menschen stets den Umständen zu. Ich glaube nicht an die Umstände. In dieser Welt kommt voran, wer aufsteht und nach den gewünschten Umständen Ausschau hält und sie herstellt, wenn er sie nicht finden kann.

[GEORGE BERNARD SHAW]

INTERVIEW

Matthias Horx gilt als Deutschlands einflussreichster Zukunfts- und Trendforscher. Er ist Gründer des Zukunftsinstituts zur Erforschung von Gesellschafts-, Wirtschafts- und Konsumtrends. Wir haben ihn zu der Entwicklung der Vereinbarkeit von Familie und Beruf und der Zukunft von Familien befragt.

Immer mehr Mütter möchten auch mit kleinen Kindern wieder in den Beruf einsteigen. Was muss sich aus Ihrer Sicht ändern, damit es Frauen leichter gemacht wird, Mutterschaft und Beruf zu verbinden?

Wir brauchen eine zeitliche Entzerrung im Arbeitsleben. Es gibt nun einmal einen biologisch vorgegebenen Zeitraum, in dem Frauen Kinder bekommen können. Es muss einfach möglich sein, dass das Arbeitsleben so gestaltet werden kann, dass man in einer Phase etwas mehr für die Kinder da ist und später wieder mehr Energie in den Beruf steckt.

Die Politik kann ebenfalls wichtige Signale setzen: Gute Ganztagsschulen beispielsweise wären ein solches Signal. In allen Ländern Europas, in denen ausreichend gute Betreuungsmöglichkeiten angeboten werden, bekommen die Menschen mehr Kinder.

Aber es ist auch wichtig, zu akzeptieren, dass eine hundertprozentige Harmonie der beiden Aspekte »Kinder« und »Beruf« immer schwierig zu erreichen sein wird.

Die Phase der Familiengründung ist für jede Mutter und jeden Vater eine konfliktreiche Situation. Zwischen familiären und beruflichen Erfordernissen gibt es immer ein gewisses Spannungsverhältnis. Vereinbarkeit heißt auch, dieses Spannungsverhältnis zu akzeptieren und damit zu leben. Kinder zu bekommen bedeutet eben, dass man den Mut haben muss zu improvisieren!

Aus unserer Sicht beinhaltet gerade dieses Spannungsverhältnis zwischen Familie und Beruf viel Positives: Spannung bedeutet schließlich, dass es niemals langweilig wird.

Aber ja. Kinder und Arbeit gehören nun einmal zum Leben. Beides ist gut und wichtig und macht das eigene Dasein reicher. Die Kunst ist, zu einem vermeintlichen Dilemma eine eigene, lebensbejahende und positive Einstellung zu finden. Dann kann man mit Kindern und Job sehr glücklich werden.

In Ihrem Buch »Anleitung zum Zukunftsoptimismus« beschreiben Sie, dass es eine Bereicherung für unsere Gesellschaft sein kann, wenn wir in Sachen Leben, Liebe und Arbeiten etwas Neues ausprobieren würden. Wie sieht dieses Neue in Bezug auf die Familie aus?

Wir sind teilweise noch sehr stark verhaftet in alten Familienvorstellungen. In Deutschland ist das traditionelle Mutterbild nach wie vor sehr präsent, genauso wie ein gewisses bürgerliches Ideal der mütterlichen Hausfrau, die alles perfekt macht: Sie soll ihren Kindern eine ideale Erziehung bieten und für ihren Mann repräsentieren. Dazu gehört selbstverständlich auch ein blitzblanker, jederzeit vorzeigbarer Haushalt. Bis vor wenigen Jahren war es sogar noch so, dass deutsche Frauen in der Mehrheit selbst dieses Modell der perfekten Hausfrau und Mutter für ihre eigene Lebensplanung bevorzugten. Heute ändert sich das dramatisch.

So wie sich die Arbeitswelt von der Industriegesellschaft hin zu einer Wissensgesellschaft wandelt und sich die Arbeitsbedingungen verändern, so verändert sich das Mutter- und Familienbild. Der stärkste Motor dabei sind übrigens die Frauen selbst. Dieser Wandel bietet uns jede Menge neuer Möglichkeiten. Wir haben die Chance, den Begriff Familie neu zu definieren.

In einigen Teilen der Republik bildet sich derzeit eine völlig neue Familienkultur heraus: In Berlin Prenzlauer Berg beispielsweise beobachten wir eine hochinteressante Entwicklung. Dort liegt die Geburtenrate weit über dem bundesdeutschen Durchschnitt, und Kinder sind ein lebendiger und präsenter Teil des Alltags. In unserer Studie »Lebensstile 2020« nennen wir diese Familien die »Latte-Macchiato-Familien«. Es sind junge Eltern, die einen Weg gefunden haben, ihre eigenen Vorstellungen eines urbanen Lebensstils zu verwirklichen und Kinder ganz selbstverständlich dazugehören zu lassen.

Ist die starke Trennung von Familie und Berufsleben überhaupt sinnvoll?

Auf gewisse Weise ja: Jeder, der mal versucht hat, zu Hause zu arbeiten und die Kinder von seinem Arbeitszimmer fern zu halten, weiß, wie schwierig das ist. Kinder verlangen nun einmal unsere 100-prozentige Aufmerksamkeit, und die überwiegend kreative Arbeit der Wissensgesellschaft verlangt sie genauso.

Ich persönlich finde es dennoch sehr inspirierend, wenn man im Rahmen

INTERVIEW

unserer sehr abgegrenzten Businesswelt plötzlich auf Kinder trifft. Neulich war ich auf einem Kongress einer skandinavischen Bank, da krähte plötzlich ein Säugling in den Raum. Das hat die Atmosphäre enorm bereichert! Plötzlich haben alle gelacht und die Stimmung war sehr gelöst. Diese entspannte Art, Kinder einfach dazugehören zu lassen, beobachtet man vor allem in den skandinavischen Ländern: Dort gibt es weniger künstliche Trennung der beiden Welten, mehr Durchlässigkeit. Mit dem Ergebnis, dass es für Mütter und Väter sehr viel einfacher ist, Familie und Beruf zu verbinden.

Welche Kriterien sind Ihrer Meinung nach entscheidend für die eigene Auswahl des richtigen Modells von Leben, Liebe und Arbeiten?

Da gibt es keine allgemeingültige Regel mehr. Aus meiner Sicht ist es wichtig, dass wir Dogmen und traditionelle Vorstellungen über Bord werfen. Was nicht bedeutet, nun das klassische Familienmodell zu verteufeln. Für manche Familien kann dieses Modell weiterhin sinnvoll und richtig sein.

Aber es wird in Zukunft immer weniger feste, über Jahrzehnte sichere Arbeitsverhältnisse geben. Wir werden zunehmend flexibler arbeiten. Das ist eine Entwicklung, die es Müttern oder Vätern eher erleichtert, Arbeit und Kinder zu verbinden. Die Selbstständigkeit kann ein Schlüssel zu mehr Möglichkeiten sein, Familie und Beruf ausgeglichen zu leben.

Und ich denke, dass Kindererziehung keinesfalls nur auf die Mutter oder den Vater reduziert werden sollte. Fremdbetreuung ist kein Nachteil, sie ist eine Möglichkeit, unsere Kinder mit einer Reihe von unterschiedlichen Menschen aufwachsen zu lassen. Kinder leben sehr gut mit einer Reihe verschiedener Bezugspersonen. Nicht umsonst sagt ein afrikanisches Sprichwort: »Um ein Kind zu erziehen, braucht man ein ganzes Dorf.«

Sie haben selbst Kinder. Wie haben Sie das Thema Kinder und Arbeit in ihrer Familie gelöst?

Meine Frau und ich sind beide selbstständig und beruflich sehr engagiert. Ich würde es so beschreiben: Es gab unsererseits an bestimmten Punkten eine wohlwollende Vernachlässigung. Wir hatten ein gut funktionierendes Netzwerk aus Nachbarn, Großeltern, Freunden und Babysittern. Wir haben unseren Kindern zugetraut, damit zurechtzukommen – und ich denke, es hat ihnen gut getan.

Wie wird die Aufteilung der Familienarbeit in Zukunft aussehen?

Zu einer Entscheidung für beruflichen Erfolg gehört auch, dass man akzeptiert, nicht alles selbst machen zu können oder zu wollen. Nur weil ein Paar sich für Kinder entscheidet, heißt das noch lange nicht, dass plötzlich die Hälfte aller zur Verfügung stehenden Kapazitäten für Hausarbeit aufgewendet werden muss. Ich halte es übrigens auch für einen Irrglauben, dass Mütter und Väter alle anfallenden Arbeiten im Haushalt gleich gut beherrschen sollen. Es wird immer so sein, dass sich bestimmte Schwerpunkte herausbilden. Der eine kann eben dies besser, die andere das.

Für viele Eltern ist es aus meiner Sicht die sehr viel bessere Lösung, zumindest einen Teil der Hausarbeit an zuverlässige Geister zu delegieren und stattdessen selbst arbeiten zu gehen. Eine gute Strategie kann es auch sein, mit der deutschen Tradition des bürgerlichen Heims zu brechen und in Sachen Haushalt ein bisschen weniger Perfektionismus an den Tag zu legen. Es muss eben nicht immer alles blitzblank geputzt und super aufgeräumt sein. Auch diesbezüglich sehen wir beispielsweise in Skandinavien eine entspanntere Haltung. Dort leben Familien häufig in einem fröhlichen, bunten Chaos, sie improvisieren eben einfach mehr und haben mehr Mut zur Lücke – und meist sind alle Beteiligten sehr zufrieden damit.

Mit diesem Buch möchten wir Frauen ermutigen, ihren eigenen, individuellen Weg zum Glück zwischen Familie und Beruf zu finden. Glauben Sie, dass eine größere Vielfalt und die Akzeptanz unterschiedlicher Lebensmodelle helfen kann, das von ihnen genannte Dilemma zwischen Beruf und Familie aufzulösen?

Dieser Ansatz ist auf jeden Fall der sinnvollste. Der beste Weg für die Gesellschaft ist es, Frauen zu einer selbstbewussten Individualität zu ermutigen. Dazu gehört auch, sich von allen Generationsmustern zu lösen.
Ich bin übrigens sehr sicher, dass sich die Dinge hier grundlegend ändern werden. Wir haben doch erst seit 20, 30 Jahren die Situation, dass Frauen hoch ausgebildet sind und in großer Zahl eine berufliche Eigenständigkeit und Karriere anstreben. Wenn man bedenkt, wie kurz dieser Zeitraum ist und wie viel sich hier schon getan hat, ist es nur noch eine Frage weniger Jahre, bis wir die »kritische Masse« erreicht haben. Dann wird das, was heute als Ausnahme gilt, vermutlich die Regel sein: Dass Frauen und Männer gleichermaßen arbeiten – und sich selbstverständlich auch gleichermaßen um die Kindererziehung kümmern.

2 Schwanger im Job

→ »Hurra, ich bin schwanger!« Doch in die Freude mischt sich ab und zu ein wenig Zweifel: Was wird aus meiner Zukunft? Kann ich trotz Beruf eine gute Mutter sein? Wir zeigen, wie man mit Baby im Bauch den Zukunftsoptimismus behält, mit Vorgesetzten richtig umgeht und schon während der Schwangerschaft die Weichen stellt für ein Leben als MamaHappy.

Test positiv!

Zukunft negativ?

Selbst wenn man ein Kind geplant und herbeigesehnt hat: Sieht man, wie sich die zweite Linie auf einem Schwangerschaftstest von »*Nein, auf keinen Fall*« hin zu »*doch, irgendwie doch ein bisschen … ja, jetzt seh ich´s deutlich*« verfärbt, sind die meisten Frauen danach erst mal ziemlich durch den Wind.

Lachen, Tränen, Angst, Glück: Vielfach erleben Frauen in diesem ersten Moment der Erkenntnis großes Gefühlskino. Wen wundert's: Ein Kind zu bekommen, gehört schließlich zu den größten Abenteuern des Lebens!

In alle Begeisterung und Freude mischt sich aber immer auch ein wenig Zweifel: Was wird werden? Wie soll das Leben jetzt weitergehen? Passt ein Kind überhaupt in mein Berufsleben? Passt das Berufsleben zu meinem Kind? Kann ich es schaffen, eine gute Mutter zu sein und mich selbst und meine beruflichen Pläne nicht zu verlieren? Bei aller Aufregung gibt es überhaupt keinen Grund zur Sorge: Alles findet sich, und Sie können schon einiges während der Schwangerschaft dafür tun, damit Ihre (berufliche) Zukunft auch mit Kind rosig aussieht.

Wenn nach einigen Wochen die erste Aufregung und Freude über die große Neuigkeit verflogen ist, sollten Sie sich einen Moment Zeit nehmen und zur Ruhe kommen, um Ihre Gedanken zu sortieren. Es geht darum, dass Sie sich über die nächsten Schritte, die zu tun sind, klar werden.

Wichtig: Klarheit gewinnen

Schreiben Sie auf, was Ihnen wichtig ist: Die folgenden Fragen helfen Ihnen dabei, eine erste Perspektive für die zukünftige Vereinbarkeit von Familie und Beruf zu entwickeln. Wichtig: Das, was Sie mithilfe der Fragen für sich entwickeln, soll eine Perspektive für die erste Zeit mit Kind sein. Nicht mehr und nicht weniger – es ist ein erster Plan. Wie er sich tatsächlich umsetzen lässt, können Sie in aller Ruhe entscheiden, wenn das Kind da ist und Sie sich als Eltern näher einschätzen können.

→ Wie ist mein erstes spontanes Gefühl?

Was wünsche ich mir? Ganz ehrlich, unabhängig von dem, was andere tun oder sagen: Welche Träume, Ziele, Ideale habe ich? Wie schätze ich mich ein: Möchte ich eine Weile bei meinem Kind bleiben? Oder brauche ich schnell wieder das Leben außerhalb der heimischen Geborgenheit und möchte deshalb bald wieder arbeiten?

→ Was erfordert meine berufliche Entwicklung?

Insbesondere von weiblichen Führungskräften wird teilweise erwartet, dass sie aus dem Mutterschutz nach kurzer Zeit an ihren Arbeitsplatz zurückkehren und zuvor von zu Hause aus den Überblick über das Geschehen behalten. Je nach Branche und Unternehmen gibt es dabei große Unterschiede. Aber: Nur weil in einem Unternehmen noch nie eine Führungskraft Teilzeit gearbeitet hat, heißt das nicht, dass es nicht geht.

→ Welche Vorstellungen hat mein Partner?

Finden Sie gemeinsam mit Ihrem Partner heraus: Was wollen wir beide? Für unser Kind und unsere Beziehung? Wie stellt sich mein Partner das Leben mit Kind vor? Wie sehr möchte und kann er in die Betreuung des gemeinsamen Kindes einbezogen sein? Besprechen Sie mit ihm deutlich Ihre Wünsche und Vorstellungen. Wenn Sie schon heute wissen, dass Sie auch mit Kind arbeiten wollen, sollten Sie das schon jetzt klar sagen.

→ Ist meine Gesundheit gefährdet?

Achtung: In einigen Berufen ist während der Schwangerschaft Vorsicht geboten. Alle Jobs, die für Sie und das ungeborene Kind ein gesundheitliches Risiko darstellen, sind tabu bzw. nur eingeschränkt möglich. In diesem Fall müssen Sie Ihren Arbeitgeber sofort informieren (siehe Seite 28).

→ Wie steht es ums Geld?

Auch wenn es profan erscheint angesichts unserer großen Gefühle: Ein Kind kostet viel Geld, und das Finanzielle wird zukünftig ein Thema sein, das eine Rolle spielt. Fragen Sie sich: Wie viel Standard, wie viel Luxus brauchen wir? Was ist uns wichtig? Beziehen Sie finanzielle Überlegungen in die Zukunftsplanung ein (siehe Seite 32/33).

ERFAHRUNGSBERICHT

MAREN UND ASTRID: *Manchmal scheint es, als sei eine Schwangerschaft eine berufliche Sackgasse: Karrierestopp, eine Weile kein eigener Verdienst, viele Jobs kann man nicht in der bisherigen Form weitermachen ... Die Zukunft hat plötzlich ein großes Fragezeichen. Aus unserer Erfahrung können wir sagen: Die neue Situation muss keineswegs eine Sackgasse sein. Sie ist vielmehr eine Chance, sein Leben ganz neu aufzubauen – auch beruflich! Für uns waren die Schwangerschaften ein Anlass, Lebensmodelle zu entwickeln, die uns wirklich glücklich machen, und die dank des Mutterseins hinzugewonnenen Werte in den beruflichen Alltag zu integrieren. Wenn wir als Schwangere den Mut haben, nach vorn zu blicken, und zu dem stehen, wer wir sind und was wir vom Leben wollen, dann können wir sehr optimistisch in die Zukunft schauen!*

→ Mit welchen Müttern kann ich mich austauschen?

Sprechen Sie mit Müttern, die in einer ähnlichen Situation sind oder waren. Ihre Empfehlungen und Ratschläge sind häufig Gold wert. Aber: Vorsicht vor unsolidarischer Panikmache (kommt leider vor) – dann lieber weghören!

→ Welche Möglichkeiten bietet mein Unternehmen?

Große Unternehmen haben häufig spezielle Programme und Angebote für Eltern. Ein Blick auf die Website kann hilfreich sein. Nach Bekanntgabe der Schwangerschaft kann man auch mit der Personalabteilung oder den Vorgesetzten sprechen und Informationen einholen über Teilzeitprogramme, Familienförderung, Betriebskindergarten oder Unterstützung bei der Kinderbetreuung.

→ Ruhig bleiben

Glücklicherweise lösen sich viele Zukunftssorgen, die Sie während der Schwangerschaft geplagt haben, auf. Am Ende wird Ihr Kind Ihnen sowieso mitteilen, was richtig ist. Auch wenn es ein bisschen esoterisch klingt: Ein Kind bringt die Energie mit, die Sie brauchen, um es gut zu versorgen. Wenn es Ihnen gelingt, diese Energie zu nutzen, können Sie die Dinge jederzeit so ordnen, wie sie zu Ihrer Familie passen.

»Boss, ich bekomme ein Kind!«

Sobald Sie einen ersten Überblick über Ihre neue Situation gewonnen haben, sollten Sie das Gespräch suchen – zunächst mit Vorgesetzten, dann mit den Kollegen. Hier heißt es, realistisch sein: Chefs oder Personalplaner reagieren auf die freudige Nachricht »Ich bin schwanger!« häufig mit gemischten Gefühlen.
Wenn Ihr Gegenüber einen angenehmen Umgang pflegt, vielleicht sogar selbst Kinder hat, wird die Reaktion vermutlich positiv sein. Es gibt sogar vielleicht Umarmungen, Glückwünsche, und Fotos der eigenen Kinder werden hervorgeholt …
Wenn das nicht der Fall ist, sondern eher eine nüchterne Reaktion zurückkommt, sollte man das keinesfalls persönlich nehmen. Eine schwangere Mitarbeiterin bedeutet für jeden Vorgesetzten ganz konkret Arbeit und Unwägbarkeiten. Es muss eine Vertretung organisiert und eingearbeitet werden. Der Ablauf von Projekten ändert sich vielleicht. Eventuell treten strengere Arbeitsschutzbedingungen in Kraft – Mutterschutz und Elternzeit verursachen Mehraufwand und Zusatzkosten. Ist das Unternehmen klein, fallen diese Zusatzkosten mitunter ganz schön ins Gewicht, und bei inhabergeführten Unternehmen trifft es unter Umständen sogar den Chef persönlich. Klar, das ist so, aber deswegen müssen Sie noch lange keine Schuldgefühle haben! Kinder sind nun einmal Teil des Lebens. Sie dürfen erwarten, dass Ihr Gegenüber die Situation professionell und sachlich handhabt.
Hinzukommt: Schwangere sind eine vom Gesetzgeber rundum geschützte Spezies (siehe Seite 28). Sie haben also vor dem Gespräch nichts zu befürchten! Ein bisschen diplomatisches Geschick kann allerdings dafür sorgen, dass die positiven Aspekte der Schwangerschaft überwiegen und Sie die nächsten Monate fröhlich und unbeschwert weiterarbeiten können.
Durchdenken Sie das Gespräch mit dem Chef vorher, das trägt dazu bei, dass die Unterhaltung für beide Seiten zufriedenstellend verläuft. Wenn Sie offen und selbstbewusst sind, dann wird Ihr Chef nicht daran zweifeln, dass Sie auch mit Kind eine kompetente Mitarbeiterin sein werden. Und: Ein konstruktives Verhalten Ihrerseits wird Ihnen eines Tages den Wiedereinstieg in das Unternehmen vermutlich leichter machen!

10 Tipps für das Gespräch mit dem Chef

Hier erfahren Sie nicht nur, wem im Unternehmen Sie zuerst Ihre Schwangerschaft mitteilen sollten, sondern auch zu welchem Zeitpunkt und welche Fakten Sie für das Gespräch mit Ihrem Chef parat haben sollten

1 Den Informationsfluss richtig steuern

Der erste, der im Unternehmen von Ihrer Schwangerschaft erfährt, sollte der Chef sein. Auch wenn's vielleicht schwerfällt: Die Lieblingskollegin und die morgendliche Runde am Kaffeeautomaten dürfen die frohe Kunde erst nach dem Gespräch mit dem Vorgesetzten erfahren.

2 Meldepflichten beachten

Bei arbeitsplatzbedingten gesundheitlichen Einschränkungen (siehe Seite 28/29) müssen Sie Ihren Vorgesetzten sofort auf eine bestehende Schwangerschaft hinweisen. Genaue Auskunft, welche Tätigkeiten Sie noch ausüben dürfen und welche nicht, erteilt im Zweifel die Krankenkasse oder Ihr Gynäkologe.

3 Eine strategisch günstige Zeit wählen

Wenn Sie den Gesprächstermin mitbestimmen können, bedenken Sie: Morgens ist vielen Schwangeren noch übel, Spätnachmittags sind sie vielleicht hormonbedingt schon etwas müde ... Etwa um 11:00 Uhr herum ist deshalb normalerweise ideal. Um diese Zeit befindet sich übrigens auch Ihr Gegenüber meist in einem geistigen Leistungshoch. Bitten Sie um ein vertrauliches Gespräch – 30 Minuten sollten reichen.

4 Die wichtigsten Fakten parat haben

Folgende Daten sind wichtig: der errechnete Geburtstermin, der voraussichtlich letzte Arbeitstag (sechs Wochen vor dem errechneten Geburtstermin beginnt der Mutterschutz bzw. Mutterschaftsurlaub). Und: Wie viel Urlaubsanspruch haben Sie noch bis dahin?

5 Sachlich bleiben

In dem Gespräch wird es mit Sicherheit Zeit für einen emotionalen Moment der Freude und vielleicht auch ein paar kleine (Glücks-)Tränen geben. Doch mit ein bisschen professioneller Coolness zu Anfang verläuft das Gespräch für beide Seiten angenehmer.

6 Teil der Lösung sein

Überlegen Sie schon vor dem Gespräch, wie Sie konstruktiv mitwirken können. Haben Sie eine Idee, wer Sie vertreten kann? Dann raus damit! Bieten Sie an, die Vertretung gründlich einzuarbeiten. Erarbeiten Sie einen Zeitplan für Projekte, die Sie bis zur Mutterschaftspause noch fertigstellen können – oder, wenn es nicht zu schaffen ist: Welche Teile des Projekts können Sie noch selbst erledigen? In jedem Fall sollten Sie Verständnis zeigen für die Situation Ihres Chefs und die Herausforderungen, die Ihre Schwangerschaft für den Arbeitgeber bedeuten.

7 Die eigenen Belange im Blick behalten

Die Sicht des Chefs zu verstehen und ein Teil der Lösung zu sein, heißt im Umkehrschluss nicht, die eigenen Grenzen zu verlassen. Nur zu leicht ist man versucht, schon früh Zugeständnisse zu machen wie »Auch wenn ich schon 6 Wochen vor dem Stichtag in Mutterschutz gehen darf: Ich bleibe natürlich bis zum letzten Tag!« Hier sollte man abgegrenzt bleiben! Sie sollten nur das anbieten, was Sie auch realistisch erfüllen können. Die sechs Wochen Schonfrist vor dem Entbindungstermin müssen zwar nicht genutzt werden – *Sie dürfen weiterarbeiten, wenn Sie es ausdrücklich wünschen.* Doch diese Schonfrist hat einen Grund: Die letzten Wochen einer Schwangerschaft kosten einfach viel Kraft! Deshalb lieber nichts ankündigen. Wenn Sie sechs Wochen vor der Entbindung tatsächlich noch fit sind, können Sie immer noch entscheiden, länger zu arbeiten. Und wenn es Ihnen dann zu viel wird, dürfen Sie auch jederzeit sagen: »Jetzt möchte ich lieber aufhören und mich ausruhen.«

8 Selbstbewusst sein!

Sie müssen sich nicht dafür entschuldigen, schwanger zu sein. Das ist das Leben, Punkt. Sie bekommen ein Kind wie schon viele Milliarden Frauen vor Ihnen. Für Sie ist es vielleicht eine emotionale Achterbahnfahrt. Aber für

Ihren Vorgesetzten ist es eine Alltagssituation, deren souveränes Handling zu seinen Aufgaben gehört.

9 Eine Perspektive geben

Teilen Sie mit, wie Sie sich im Moment Ihre Rückkehr in den Beruf vorstellen (Erziehungsurlaub, Zeitpunkt der Rückkehr an den Arbeitsplatz, wie viele Stunden Arbeit pro Woche ...). Wichtig: Weisen Sie darauf hin, dass es sich nur um eine Perspektive handelt, da die Erfahrungswerte fehlen – schließlich kennen Sie Ihr Kind noch nicht. Sie wissen heute einfach noch nicht, was es braucht und wie Sie sich als Mutter fühlen werden. Sie sollten versuchen, nach Ihrer heutigen Einschätzung eine klare Perspektive zu geben, und nach der Geburt des Kindes überprüfen, ob Ihr Plan gleich geblieben ist, oder ob sich eventuell etwas ändert.

10 Das weitere Vorgehen klären

Besprechen Sie mit Ihrem Vorgesetzten, wer die Kollegen informiert und zu welchem Zeitpunkt. Es kann eine sehr angenehme Form der Loyalität gegenüber Ihnen als Mitarbeiterin sein, wenn der Chef die Neuigkeit dem Team persönlich überbringt. Zum Beispiel so: »Unsere Kollegin wird Mutter, wir alle freuen uns darüber. Ihre aktuellen Projekte führt sie noch zu Ende, das Team ist ihr bitte dabei selbstverständlich behilflich. Und wie wir das mit der Schwangerschaftsvertretung regeln, gebe ich in Kürze bekannt.« Wird die Nachricht von Ihrer Schwangerschaft auf diese Weise überbracht, wird deutlich: Von Seiten des Unternehmens ist alles geklärt. Das trägt erheblich dazu bei, dass alle Kollegen sich mit Ihnen freuen können – und so soll es schließlich auch sein!

ERFAHRUNGSBERICHT

ASTRID: *Als Unternehmerin weiß ich es sehr zu schätzen, wenn eine schwangere Mitarbeiterin ein offenes Gespräch mit mir sucht, und mir mitteilt, wie sie sich die Zeit bis zum Mutterschutz in Bezug auf die Abwicklung von laufenden Projekten und die Übergabe an die Vertretung vorstellt. Wenn sie hilft, eine Lösung zu finden, ist das viel Wert: Denn schließlich kennt niemand ihren Aufgabenbereich besser als sie selbst. Für die Zeit des Mutterschutzes und die Rückkehr an den Arbeitsplatz entwickeln wir noch während der Schwangerschaft gemeinsam ein erstes Szenario. Das ist jedoch nicht in Stein gemeißelt, sondern dient einfach dazu, dass die Mitarbeiterin selbst zunächst eine Richtung und eine Perspektive hat, in die sie ihre zukünftige Berufstätigkeit denken kann.*

GUT ZU WISSEN

Besondere Rechte für Schwangere

→ Während der Schwangerschaft und nach der Geburt genießen Frauen in unserem Land durch das Mutterschutzgesetz einen besonderen Schutz an ihrem Arbeitsplatz.

Schnelle Sicherheit

Je früher der Arbeitgeber über eine bestehende Schwangerschaft Bescheid weiß, desto besser. Die Bestimmungen des Mutterschutzes (auch der Kündigungsschutz) greifen nämlich erst ab dem Tag der Bekanntgabe der Schwangerschaft. Der Arbeitgeber darf übrigens verlangen, dass die Schwangerschaft per Attest nachgewiesen wird. Die Kosten dafür muss er allerdings selbst tragen.

Kündigungsschutz

Während der gesamten Schwangerschaft sind Sie unkündbar – bis vier Monate nach der Entbindung. Voraussetzung: Die Schwangerschaft muss dem Arbeitgeber bekannt sein, oder er muss innerhalb von zwei Wochen nach der Kündigung über die Schwangerschaft informiert werden. Befristete Arbeitsverträge dagegen enden wie vertraglich vorgesehen, selbst wenn die Arbeitnehmerin schwanger wird.

Schutz am Arbeitsplatz

Während der gesamten Schwangerschaft dürfen Sie keine Arbeiten verrichten, die Ihre oder die Gesundheit des ungeborenen Kindes bedrohen könnten. Das sind Tätigkeiten, bei denen man beispielsweise mit gesundheitsgefährdenden Stoffen zu tun hat oder Erschütterungen oder Lärm ausgesetzt ist. Darüber hinaus sind Arbeiten tabu, bei denen man sich häufig beugen und strecken, regelmäßig Lasten von mehr als 5 kg (gelegentlich mehr als 10 kg) tragen oder mehr als vier Stunden täglich stehen muss, das gilt ab dem fünften Schwangerschaftsmonat. Akkord- und Fließbandarbeit (nach dem dritten Schwangerschaftsmonat auch die Arbeit auf Beförderungsmitteln) sind für schwangere Frauen ebenfalls nicht erlaubt. Bestimmte Berufe dürfen deshalb die gesamte Schwangerschaft über nicht ausgeübt werden. Genaue Auskunft dazu erteilen Ihnen Krankenkassen und (Frauen-)Ärzte.

Selbstverständlich darf der Arbeitgeber eine andere, zumutbare Tätigkeit zuweisen, beispielsweise darf eine Pilotin dann durchaus auch beim Bodenpersonal arbeiten.
Während der Arbeit muss stets auf ausreichende Erholungspausen geachtet werden. Für Arztbesuche ist der Arbeitgeber verpflichtet, Sie freizustellen, und er darf von Ihnen keinesfalls verlangen, dass Sie diese Zeit später nacharbeiten (nähere Infos zum Mutterschutzgesetz erhalten Sie im Internet, Adressen siehe Seite 172).

Krankschreiben als Lösung?

Wenn sich keine Ersatzbeschäftigung für Sie finden lässt, kommt der Arbeitgeber vielleicht auf die Idee, dass Sie sich krankschreiben lassen sollten. In diesem Fall muss er nämlich nur sechs Wochen das Gehalt zahlen, anschließend springt die Krankenkasse ein. Das ist keine empfehlenswerte Lösung: Erstens ist der Vorschlag nicht legal – und zweitens beträgt das Krankentagegeld nur etwa 70 Prozent des Durchschnittsgehalts, was Sie finanziell deutlich schlechter stellt. Machen Sie stattdessen lieber einen Vorschlag, welche Ersatzaufgaben Sie übernehmen können!

Mutterschutzfrist und Mutterschaftsgeld

Die Mutterschutzfrist beginnt für Angestellte sechs Wochen vor dem errechneten Geburtstermin und endet acht Wochen nach der Entbindung, bei Früh- und Mehrlingsgeburten erst nach zwölf Wochen.
Ab sechs Wochen vor der Geburt des Kindes dürfen Sie vom Gesetzgeber her zwar weiterarbeiten, aber nur, wenn Sie als werdende Mutter dies ausdrücklich wünschen. Bei einer freiwilligen Verlängerung dürfen Sie jederzeit sagen: »So, jetzt reicht's!«
Während der Schutzfrist nach der Entbindung besteht Beschäftigungsverbot, das heißt, selbst wenn die junge Mutter möchte, darf sie nicht vorzeitig an ihren Arbeitsplatz zurückkehren, das gilt allerdings nicht für Selbstständige.
Während der gesamten Mutterschutzfrist haben Sie als Angestellte Anspruch auf Mutterschaftsgeld und einen entsprechenden Arbeitgeberzuschuss.
Wenn Sie selbstständig sind, müssen Sie sich im Vorfeld selbst um Ihre finanzielle Absicherung während der Mutterschutzfrist kümmern (Näheres siehe Seite 42/43).

Wichtig: Stellen Sie den Antrag auf Mutterschaftsgeld frühzeitig bei Ihrer Krankenkasse, damit das Geld auch rechtzeitig ankommt. Übrigens: Finanzielle Einbußen brauchen Sie nicht zu befürchten: Mutterschaftsgeld und Arbeitgeberzuschuss ergeben zusammen meist etwa so viel wie das letzte Nettoeinkommen.

Die Weichen stellen für die Rückkehr

Wenn Sie heute schon wissen, dass Sie in Kürze an Ihren Arbeitsplatz zurückkehren werden, sollten Sie schon vorher die Weichen dahingehend stellen, dass der Wiedereinstieg möglichst reibungslos verläuft. Werdende Mütter werden manchmal von der Allgemeinheit als »nicht mehr relevant« behandelt und in wichtige Informationsflüsse oder Prozesse plötzlich nicht mehr eingeweiht. Wollen Sie in Kürze an Ihren Arbeitsplatz zurück, sollten Sie Kollegen und Vorgesetzten deutlich machen: »Ich bin und bleibe präsent und möchte weiterhin in alles Wichtige einbezogen werden.«

Für die Zeit nach dem Mutterschutz können Sie die Dinge so steuern, dass der Wiedereinstieg so leicht wie möglich wird. Falls Sie zum Beispiel die eigene Vertretung einarbeiten, können Sie verabreden, dass anders herum eine ebenso ausführliche Übergabe erfolgt, wenn Sie wieder zurück sind. Sie können die Betreffende oder den Betreffenden bitten, relevante Informationen zu sammeln. Sie können mit Vorgesetzten vereinbaren, dass Sie per Mail über für Sie relevante Geschehnisse im Unternehmen informiert werden. Das sollten Sie aber nur dann verabreden, wenn Sie durchgehend »dran bleiben« möchten. Brauchen Sie eher Abstand zum Unternehmen, um sich auf Ihr Kind einstellen zu können, ist das völlig in Ordnung, und das sollte jeder respektieren.

TIPPS

Endspurt: Abschied in den Mutterschutz

- Arbeiten Sie Ihre Projekte sauber zu Ende, ohne sich unter Druck setzen zu lassen: Es gibt keinen Grund, als Schwangere jeden Abend Überstunden zu schieben, um noch rechtzeitig alles fertigzustellen. Das, was in der verbleibenden Zeit nicht zu schaffen ist, sollte mit allen wichtigen Informationen die Vertretung übernehmen.
- Ihr Organisationssystem am Arbeitsplatz muss so aufgebaut sein, dass eine Vertretung es versteht.
- Lassen Sie Vorgesetzte wissen, dass Sie eine klare und gute Übergabe gemacht haben. So haben Sie schon heute einen Bonuspunkt für die Zeit der Rückkehr.
- Eine kleine Abschiedsrunde für die Kollegen mit ein bisschen Kuchen hilft, Sie in guter Erinnerung zu behalten.

Mutterschutz und Elternzeit: Zeit zum Genießen

2

Hurra, das Baby ist da! Nach den aufregenden Wochen ist es einfach wunderbar, das Kind endlich im Arm zu halten. Jetzt zählt erst mal nur eins: Mama sein. Vieles braucht erst mal ein wenig, um sich einzuspielen: Stillen, Wickeln, Schlafrhythmen. Jetzt heißt es lernen, mit der neuen Rolle zurechtzukommen. Nur wenige Mütter haben beim ersten Kind so schnell die Routine, dass sie schon bald wieder an den Job denken können.

Willkommen auf der Welt, mein Schatz!

Das erste Jahr mit Kind ist eine wichtige Phase: Mama und Kind lernen sich kennen, das Kind macht wichtige Bindungserfahrungen. Aber natürlich kann man auch mit einem Baby schon wieder arbeiten, das hängt ganz von der familiären Situation ab und wie wir Eltern die Situation einschätzen. Die Mutter ist keineswegs das einzige Wesen, zu dem unser Kleines eine vertrauensvolle Beziehung aufbauen kann. Papa, Oma, Au-pair, Krippenbetreuerinnen – sie alle können Nähe, Liebe und Wärme geben. Dennoch ist natürlich die Mama eine zentrale Figur im Lebensglück des kleinen Kindes, und das wollen wir schließlich auch sein! Gerade im ersten Jahr sollten wir deshalb unserem Gefühl folgen und sehen, was unsere private Situation ermöglicht. Finanziell sind wir dank Elterngeld meist ziemlich gut abgesichert, das heißt, der Wunsch, wieder zu arbeiten, speist sich mehr aus dem eigenen Bedürfnis als aus der Notwendigkeit, Geld zu verdienen. Wer das erste Jahr nur als Mutter genießen will, sollte das auch tun.

Genauso in Ordnung ist es, in Teilzeit zu arbeiten oder sogar voll wieder einzusteigen (vielleicht möchte Papa beim Baby bleiben). Denn nur eine glückliche Mama kann eine gute Mama sein! Wichtig ist bei allen Überlegungen vor allem eines: dass wir als Mutter die Zeit, die wir mit unserem Kind verbringen, wirklich rundum genießen können!

Teilen Sie Ihre Freude mit!

Die Freude über das Kind sollte man auch mit den Kollegen teilen. Bestimmt sind alle über ein hübsches Foto von Ihnen mit Kind begeistert. Praktischer Nebeneffekt: Sie bleiben auf diese Weise auch visuell präsent im Unternehmen, denn ein niedliches Mama-Kind-Foto landet garantiert an der Pinnwand. So bleiben Sie auch optisch in der Erinnerung der Kollegen.

KOMPAKTINFO

Zeit und Geld für Eltern

→ **Damit Eltern sich in Ruhe auf ihr neues Leben mit Kind einstellen können, gibt es die Möglichkeit, Elternzeit zu nehmen. Ob und wie Mama oder Papa diese Zeit nutzen, ist ihnen überlassen (siehe Seite 168). Hier erfahren Sie Details.**

Elternzeit

Spätestens zwei Wochen nach der Entbindung muss der Arbeitgeber schriftlich darüber infomiert werden, wie lange Sie in Elternzeit gehen wollen. Ehrlich gesagt: Keine Mutter ist zwei Wochen, nachdem das Kind da ist, schlauer als vor der Entbindung. Im Gegenteil. Gerade in den ersten zwei Wochen ändert sich die komplette Hormonlage des Körpers. Vielleicht ist man auch noch sehr erschöpft von der Geburt. Besser ist es daher, schon vor der Entbindung eine Entscheidung über die Elternzeit zu treffen und den Brief an den Arbeitgeber schon mal zu schreiben. Nur, wenn Sie ganz dramatische Änderungen fühlen, sollten Sie die getroffene Entscheidung noch umstoßen – ansonsten sollten Sie an Ihrer Meinung festhalten. Dann brauchen Sie den Brief nur noch in den Postkasten zu werfen. Sie sollten sich wegen Ihrer Entscheidung für ein, zwei oder gar drei Jahre Elternzeit keinesfalls Sorgen darüber machen, ob Sie den beruflichen Anschluss verlieren: Auch die Elternzeit lässt eine ganze Menge Freiheit in Bezug auf die Arbeit:

- Die Entscheidung über die Elternzeit muss dem Arbeitgeber 14 Tage nach der Geburt schriftlich vorliegen. Wer zwei Jahre Elternzeit nimmt, darf ohne Zustimmung des Arbeitsgebers auch noch um ein drittes Jahr verlängern. Wer nur ein Jahr nimmt, braucht für eine Verlängerung die schriftliche Zustimmung des Arbeitgebers. Eine Verkürzung ist in jedem Fall nur mit schriflichem Einverständnis des Arbeitgebers möglich.
- Elternzeit können sowohl Mütter als auch Väter nehmen, oder sie können sich diese teilen. Insgesamt dürfen drei Jahre genommen werden. Auch für Väter gelten in dieser Zeit bestimmte Schutzrechte.

- Während der Elternzeit darf man bis zu 30 Stunden pro Woche arbeiten und verliert dadurch keinerlei Ansprüche, auch nicht die auf das Elterngeld. Grundsätzlich kann während der Elternzeit ein Arbeitsverhältnis bei einem anderen Arbeitgeber aufgenommen werden. Es gibt jedoch zwei gesetzliche Beschränkungen: Es ist ebenfalls nur eine Teilzeitbeschäftigung bis zu 30 Wochenstunden möglich, und es bedarf der Zustimmung des Arbeitgebers, zu dem das Arbeitsverhältnis wegen der Elternzeit ruht. Der Arbeitgeber kann die Zustimmung zu einer Teilzeitbeschäftigung bei einem anderen Arbeitgeber nur innerhalb von vier Wochen und nur aus dringenden betrieblichen Gründen ablehnen. Wenn er die Zustimmung verweigert, muss er dies schriftlich tun.
- Der Elterngeldanspruch bei Teilzeitarbeit errechnet sich aus der Differenz zwischen dem vorherigen Gehalt (abzgl. Sozialabgaben und Lohnsteuer) und dem aktuellen. Von dieser Differenz erhält man 67 Prozent (bis max. 1800 Euro).
- Es gibt einen Rechtsanspruch auf Teilzeitarbeit während der Elternzeit. Voraussetzung: Der Betrieb hat mehr als 15 Beschäftigte und Sie arbeiten 15 bis 30 Stunden.
- Elternzeit kann in jedem Arbeitsverhältnis genommen werden, auch bei befristeten und Teilzeitarbeitsverträgen und geringfügig Beschäftigten. Befristete Verträge verlängern sich durch Elternzeit nicht!

Elterngeld

Es beträgt 67 Prozent des vor der Geburt durchschnittlich monatlich verfügbaren laufenden Erwerbseinkommens (nach Abzug von Steuern, Sozialabgaben und Werbungskosten), höchstens 1800 und mindestens 300 Euro.

Nicht erwerbstätige Elternteile erhalten den Mindestbetrag zum bisherigen Familieneinkommen.

- Das Elterngeld wird an Vater und Mutter für maximal 14 Monate gezahlt; beide können den Zeitraum untereinander aufteilen.
  Ein Elternteil kann dabei höchstens zwölf Monate für sich in Anspruch nehmen, zwei weitere Monate gibt es, wenn in dieser Zeit Erwerbseinkommen wegfällt und sich der Partner an der Betreuung des Kindes beteiligt.
- Alleinerziehende, die Elterngeld zum Ausgleich wegfallenden Erwerbseinkommens beziehen, können aufgrund des fehlenden Partners die vollen 14 Monate Elterngeld in Anspruch nehmen (siehe Seite 172).

2

3 Working Mum

→ Dieses Kapitel liefert wertvolle Entscheidungshilfen und Tipps für die Rückkehr in den Beruf, damit der Wiedereinstieg reibungslos verläuft. Zusätzlich zeigen wir, worauf man beim Start achten sollte, um sich als Working Mum von seiner besten Seite zu präsentieren.

Die Rückkehr in den Job

3

Nach der Babypause zurück in den Job – dieser Gedanke verursacht vielen Müttern erst mal ein bisschen Bauchkribbeln. Es ist ja auch ganz schön aufregend, nach einer Zeit, in der man vollkommen in den Mama-Kosmos eingetaucht war, wieder in die Berufswelt zurückzukehren. Häufig haben wir Frauen das Gefühl, das Muttersein hat uns total verändert und nichts ist mehr wie es einmal war.

Doch nur die Ruhe: Wir sind auch nach der Geburt eines Kindes genau so kompetent, genauso professionell und genauso qualifiziert wie vorher. Statt uns vor den Herausforderungen der Berufswelt zu fürchten, dürfen wir selbstbewusst nach vorn schauen: Schließlich haben wir dank Kind unseren Lebenshorizont ein gutes Stück erweitern können – das Muttersein hat uns reifer, stärker und gelassener gemacht. Wir haben allen Grund, optimistisch nach vorn zu blicken, und darauf zu vertrauen, dass wir auch für das zukünftige Berufsleben einen guten Weg finden werden, der unseren Bedürfnissen, Wünschen und Fähigkeiten entspricht!

Die Frage für viele Mütter ist heute nicht mehr, ob sie mit Kind arbeiten möchten, sondern wann sie wieder in die Arbeitswelt zurückkehren. Die Entscheidung über den passenden Zeitpunkt der Rückkehr hängt von einer Reihe unterschiedlicher Faktoren ab.

Für zahlreiche Mütter beantwortet sich das »Wann?« von selbst: Sobald nämlich das Jahr des Elterngeldes vorbei ist und die Familie den Verdienst der Mutter als Einkommen benötigt, ist der Zeitpunkt für die Rückkehr in den Beruf klar. Bei manchen Müttern gibt dagegen die Karriere die Bedingungen vor: In bestimmten Berufen oder Positionen erwartet man ganz einfach, dass die Mutter spätestens sechs Monate nach der Entbindung wieder einsatzbereit am Schreibtisch sitzt.

Falls Sie die Entscheidung über den Zeitpunkt Ihres Wiedereinstigs bereits getroffen haben, sind für Sie vor allem die Seiten 48 und 49 »Wie man klug ums Geld verhandelt« sowie der Abschnitt »Da bin ich wieder – zurück am Arbeitsplatz« auf den Seiten 50 und 51 lesenswert.

Für alle Mütter, für die sich die Beantwortung der Frage nach dem richtigen Zeitpunkt des Wiedereinstiges nicht aus äußeren Bedingungen ergibt, und die sich unsicher darüber sind, wann und ob sie und ihr Kind für diesen entscheidenden Schritt jetzt schon bereit sind, gilt es, sich zunächst einmal über alle Aspekte (Vor und Nachteile) des Vorhabens »Beruf und Kind« klar zu werden.

Die erste und wichtigste Frage dazu lautet von daher: Sind Sie und Ihr Kind überhaupt bereit für das Abenteuer »Working Mum«? Der Test auf den Seiten 38 und 39 hilft Ihnen bei der Beantwortung dieser entscheidenden Frage auf die Sprünge. Nehmen Sie sich Zeit dazu, die Fragen zu beantworten.

EXTRA

Gute Idee: Mikro-Jobs!

→ Wer die Berufstätigkeit erst mal vorsichtig testen möchte oder ein kleines bisschen Extrageld verdienen will, liegt mit einem Mikro-Job genau richtig. Im Zeitalter der kompletten digitalen Vernetzung via Internet, E-Mail und Webserver ist es in vielen Unternehmen möglich, von zu Hause aus ein wenig zum Geschehen beizutragen. Und ein paar flexible Stunden im Monat kann man auch mit einem Säugling schaffen. Meist sind Chefs sehr dankbar, wenn sie auf die Zusatzressource einer kompetenten Mitarbeiterin in Elternzeit zurückgreifen können. Und ein paar Stunden im Monat etwas anderes zu tun, kann eine großartige Ergänzung sein zum Mama-Alltag.

Zusatzvorteil: Sie bleiben dran am Geschehen des Unternehmens oder bekommen bei einem neuen Arbeitgeber den Fuß in die Tür. Das macht den Wiedereinstieg in den Job um einiges leichter!

So gelingt der Wiedereinstieg

Haben Sie wieder Lust auf Ihren Beruf und den Eindruck gewonnen, dass Ihr Kind so weit ist, durch Dritte betreut zu werden? Haben Sie den Zeitpunkt Ihrer Rückkehr im Visier? Dann sollten Sie rechtzeitig die Rahmenbedingungen des Projekts »Working Mum« festlegen. Das bedeutet: Klarheit zu Hause schaffen, ein Betreuungskonzept entwerfen und den Arbeitgeber-Check machen.

→ Schaffen Sie zu Hause Klarheit

Den ersten Schritt für eine gelungene Rückkehr in die Berufswelt machen Sie zu Hause: Indem Sie mit Ihrem Partner besprechen, dass Sie wieder in den Job zurückmöchten. Sie sollten Ihre Wünsche deutlich machen und im Gespräch klären, wie Ihr Partner die Entscheidung mittragen kann. Je nach Umfang Ihrer Berufstätigkeit ändert sich ja auch für ihn einiges: Wenn Sie arbeiten, haben Sie automatisch weniger Kapazitäten frei für Kind und Haushalt – hier muss Papa sich also gegebenenfalls mehr engagieren, vielleicht sogar beruflich in einigen Punkten ein paar Kompromisse eingehen. Überlegen Sie gemeinsam, wie die Aufgaben verteilt werden, damit Ihr Kind zu seinem Recht kommt, die Dinge zu Hause laufen und niemand überfordert wird. Wenn Sie alleinerziehend sind, hilft es, Ihre Pläne mit den Großeltern Ihres Kindes oder engen Freunden zu besprechen. Auch hier sollten Sie deutlich machen, was Sie möchten und die Gedanken der anderen anhören. Wenn Ihr soziales Netz die Entscheidung mitträgt, ist schon mal einiges gewonnen.

→ Entwerfen Sie ein Betreuungskonzept

Eine gute und sichere Kinderbetreuung ist die absolut notwendige Grundvoraussetzung für ein entspanntes Dasein als Working Mum (siehe Seite 88–97).
Da die Betreuung gesichert sein muss, bevor Sie den Wiedereinstieg in Angriff nehmen, sollten Sie vorab eine ungefähre Bedarfsermittlung machen: Wie viele Stunden an Betreuungszeit sind nötig? Planen Sie besser etwas großzügiger: Es ist fast nie ein Problem, das Kind früher abzuholen, wohl aber, die Betreuung aufzustocken. Krippen, Kindergärten und Tagesmütter machen meist eine klare Kapazitätenplanung und vergeben die Plätze nach Stunden. Wenn die Stundenbudgets erst mal verteilt sind, kann es schwierig sein, die Betreuungszeit zu verlängern.

3

TEST

Wieder reif für den Job?

→ Finden Sie mithilfe der folgenden Fragen heraus, wie weit Sie innerlich für den Wiedereinstieg bereit sind. Beantworten Sie die Fragen ehrlich sich selbst gegenüber und zählen Sie anschließend die Punkte zusammen.

	ja	manchmal	nein
Mein Kind schläft durch.	2	1	0
Ich habe tagsüber immer wieder Stunden, in denen ich mich richtig langweile.	2	1	0
Mein Kind wird tagsüber noch gestillt.	0	1	2
Ich habe einen ungeahnten Perfektionismus in Sachen Haushalt entwickelt.	2	1	0
Mein Kind ist häufig krank.	0	1	2
Mein Kind ist ziemlich entspannt. Die Fremdelphase scheint überstanden zu sein.	2	1	0
Ich kann mein Kind auch Dritten anvertrauen: Papa, Oma, Opa, Freunden.	2	1	0
Wenn ich mal eine Weile nicht bei meinem Kind bin und ich es in guten Händen weiß, dann kann ich mich gut auch auf andere Sachen konzentrieren.	2	1	0
Ich habe Lust, mal wieder rauszukommen und andere Menschen zu sehen.	2	1	0
Ich bin eine begeisterte Mutter.	2	1	0
Unser Kind fühlt sich bei Papa genau so wohl wie bei mir.	2	1	0
Ich habe das Gefühl, mein Kind selbst am besten zu betreuen.	0	1	2

	ja	manchmal	nein
Ich habe die Strapazen der Schwangerschaft gut überstanden und fühle mich wieder richtig fit.	2	1	0
Wenn ich mal Streit oder Konflikte mit anderen Menschen habe, reagiere ich derzeit sehr emotional.	0	1	2
Ich bin mir mit meinem Partner meistens einig, wenn es um Themen wie Fürsorge und Erziehung geht.	2	1	0
Ich telefoniere ab und zu mit früheren Kollegen, schaue spaßeshalber auch mal in Stellenanzeigen, lese gern mal den Wirtschaftsteil der Tageszeitung ...	2	1	0

Ergebnis: ______Punkte gesamt

Auswertung

0–10 PUNKTE

DER JOB HAT NOCH ZEIT

Ihr Kind steht total im Zentrum Ihres Daseins. Sie sind eine sehr engagierte Mutter und finden es unglaublich schön, für Ihr Kleines zu sorgen. Das Thema Beruf darf ruhig noch eine Weile warten – der Job läuft Ihnen schließlich nicht weg. Ihr Kind ist nur einmal klein, und das möchten Sie in vollen Zügen genießen.

11–20 PUNKTE

KLEIN ANFANGEN IST GENAU RICHTIG

Sie sind mit Ihrem Kind sehr eng verbunden. Aber in letzter Zeit können Sie auch ziemlich gut loslassen. Manchmal haben Sie richtig Lust, wieder zu arbeiten. Und eine kleine Abwechslung würde Ihnen bestimmt gut tun. Für Sie wäre es sehr reizvoll, zumindest ein paar Stunden in der Woche wieder in Ihren Job reinzuschnuppern. Mal sehen, ob sich da nicht ein Weg finden lässt ...

21–32 PUNKTE

BEREIT ZUM DURCHSTARTEN

Sie lieben Ihr Kind, und Sie mögen Ihren Job! Sie fühlen sich energiegeladen und freuen sich wahnsinnig auf den Tag, an dem Sie bei der Arbeit wieder voll durchstarten können. Der Wechsel zwischen beiden Welten ist für Sie wahrscheinlich ideal: Morgens gut gelaunt zur Arbeit gehen, danach sich mit Freude mit Ihrem Kind beschäftigen.

→ Machen Sie den Arbeitgeber-Check

Es liegt zunächst nahe, den beruflichen Wiedereinstieg beim alten Arbeitgeber zu planen. Die Vorteile liegen auf der Hand: Sie kennen Unternehmen, Vorgesetzte und Kollegen und wissen genau, was Sie erwartet. Es gibt keine Probezeit, und Sie haben aufgrund der Elternzeit ein Recht auf eine Teilzeitstelle.

Alter oder neuer Arbeitgeber?

Vielleicht gibt es aber Gründe, die gegen den alten Arbeitgeber sprechen. Es ist leider eine Tatsache: In manchen Unternehmen haben arbeitende Mütter trotz der eindeutigen rechtlichen Situation nach wie vor einen schweren Stand. Oder der frühere Job lässt sich einfach mit Kind nicht so recht vereinbaren. Alle Berufe, in denen man viel reisen muss, sind nur dann geeignet, wenn jemand für das Kind da sein kann, falls Mama abends oder über Nacht nicht da ist (z.B. der Papa oder eine ähnlich nahe Bezugsperson). Und manche Jobs erfordern einfach eine Vollzeitpräsenz mit deutlich mehr als den vertraglichen 40 Stunden pro Woche. Da nützt auch das Recht auf Teilzeit nicht viel: Wer ständig in dem Gefühl lebt, seiner Aufgabe nicht gerecht werden zu können, und im Unternehmen als einzige Teilzeitkraft oder pünktlich gehende Vollzeitkraft dauernd gegen den Strom schwimmt, wird mit seinem Job vermutlich nicht sehr glücklich. Bevor Sie jedoch überstürzt aufgeben, sollten Sie das Gespräch mit dem Arbeitgeber suchen. Vielleicht gibt es ja einen Weg, eine Lösung zu finden. Wenn jedoch die Bedingungen beim alten Arbeitgeber partout nicht zum Familienleben passen wollen, macht es Sinn, nach Alternativen zu suchen.

Eventuell bietet ein neuer Arbeitgeber:
- bessere Karrieremöglichkeiten für Mütter, die gern arbeiten;
- flexiblere Arbeitszeiten;
- gute Bedingungen für Mütter (z.B. einen Betriebskindergarten);
- eine Position, in der Ihr Know-how und Ihre Kompetenz gefragt sind.

Bei der Suche nach einer neuen Arbeitsstelle hilft beispielsweise eine Recherche im Stellenmarkt der Tageszeitung und auf den gängigen Internetseiten (Internetadressen siehe Seite 172).
Doch nicht allein die Bedingungen des Arbeitgebers oder die organisatorischen Aspekte sind ein Grund für Sie, die berufliche Zukunft zu überdenken. Vielleicht haben Sie ja einfach Lust, Ihrem Leben auch beruflich noch mal eine ganz neue Richtung zu geben? Schließlich kann ein Kind eine willkommene Gelegenheit sein, neue berufliche Chancen und Träume zu verwirklichen.

Selbstständigkeit: Risiko oder Chance?

Beim alten Arbeitgeber sind die Bedingungen ungünstig? Eine zunehmend beliebte Variante der Rückkehr in das Berufsleben ist für viele Mütter deshalb häufig die Selbstständigkeit.

Der Anteil der selbstständigen Frauen in Deutschland steigt stetig: Im Jahr 2005 waren laut »Spiegel« in der Gruppe der Mütter 41,8 Prozent mehr Frauen selbstständig als zur Jahrtausendwende. Insgesamt arbeiten mehr als 1,4 Millionen Frauen in Deutschland auf eigene Rechnung (Stand 2007) und stehen damit für einen Trend, der Müttern gute Chancen bieten kann. Einen großen Teil zu dieser Entwicklung trägt das Internet bei: Es hat neue Wege der Kommunikation und des Angebots von Waren ermöglicht, die nicht mit hohen Kosten verbunden sind, und so die Bedingungen für ein eigenes kleines Business erleichtern.

Vor- und Nachteile der Selbstständigkeit

Als Selbstständige hat man einen unschlagbaren Vorteil: Die zeitliche Flexibilität macht es für Mütter einfacher, ihren Beruf und die Bedürfnisse der Kinder miteinander zu koordinieren. Auch die Verdienstmöglichkeiten sind je nach Qualifikation und Marktsituation manchmal deutlich besser als in einem Angestelltenverhältnis. Doch die Selbstständigkeit bietet keinesfalls nur Vorteile: Selbststän-

3

ERFAHRUNGSBERICHT

ASTRID: *Ich habe vor der Geburt meiner Kinder immer in Karrierejobs mit mindestens 70 Arbeitsstunden pro Woche gearbeitet. Ich bin dann kurz vor der Geburt des ersten Kindes von München nach Hamburg umgezogen, da mein Mann berufsbedingt nicht mobil war. Es war klar, dass ich in meinen früheren Job nicht zurückkonnte. Also habe ich mich nach Alternativen umgesehen. Bei der damals noch winzig kleinen Firma bellybutton einzusteigen, war eine Chance, etwas ganz Neues zu beginnen. Dabei hatte ich zunächst nicht die große Karriere im Kopf, sondern wollte einfach nur etwas tun, das mir Spaß macht. In meiner Position gab es dann aber sehr viele Möglichkeiten, den beruflichen Erfolg selbst zu gestalten. So konnte ich Stück für Stück auch meine Karriereziele verwirklichen.*

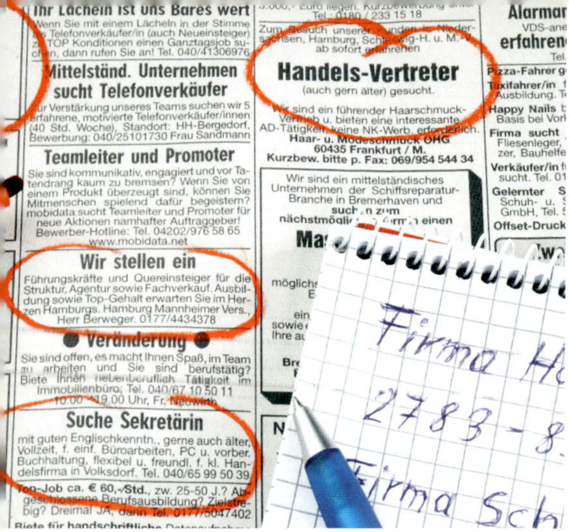

dige sind nicht mehr über den Arbeitgeber sozialversichert, d.h. für Krankenkasse und Altersvorsorge muss selbst aufgekommen werden. Ein festes Einkommen ist nicht garantiert – für magere Zeiten ist also ein finanzielles Polster nötig. Je nach Geschäftsmodell ist Startkapital erforderlich, es müssen finanzielle Verbindlichkeiten in Kauf genommen und das Risiko, Kapital unter Umständen zu verlieren. Für den Fall von Krankheit, Arbeitslosigkeit oder Arbeitsunfähigkeit ist man nur dann versichert, wenn ausreichend vorgesorgt wurde. Und nicht zuletzt: Wer noch weitere Kinder möchte, sollte die Absicherung für die Zeit des Mutterschutzes schon im Voraus lösen, denn sie kostet unter Umständen eine ganze Menge mehr Geld.

Selbstständig? Da ist vieles anders!

Wer selbstständig ist, muss für Auszeiten wie Mutterschutz privat vorsorgen. Freiwillige Mitglieder von gesetzlichen Krankenkassen sollten sich deshalb schon vor der Schwangerschaft so krankenversichern, dass ihnen Krankentagegeld zusteht. Auskunft über die Höhe der Beiträge erteilt die Krankenkasse. Achtung: Viele private Krankenkassen schließen Tagegeld in der Mutterschutzfrist von vornherein aus, manche zahlen ein einmaliges Mutterschaftsgeld in Höhe von durchschnittlich etwa 200 Euro.
Und: Privat versicherte Frauen müssen ihre vollen Krankenkassenbeiträge auch während Mutterschutzfrist und Elternzeit weiterzahlen. Einige private Kassen versichern Mütter in den ersten sechs Monaten nach der Geburt beitragsfrei. Deshalb: Rechtzeitig informieren, um unliebsamen Überraschungen vorzubeugen!
Fazit: Die Selbstständigkeit ist Müttern nur eingeschränkt zu empfehlen. Wer sich sowieso schon immer selbstständig machen wollte, über unternehmerische

Fähigkeiten verfügt und einen wirklich tragfähigen Businessplan hat, für den bietet die Selbstständigkeit echte Chancen. Doch sollte man diesen Schritt erst nach reiflicher Überlegung gehen und sich sicher sein, dass das angestrebte Geschäftsmodell geeignet ist, in Zukunft das Auskommen zu sichern. Als Notlösung, weil sich keine passende Stelle findet, ist eine Selbstständigkeit nur bedingt geeignet – dafür sind die Risiken einfach zu hoch.

Eine Alternative: Freiberufliche Tätigkeit

Wer einen künstlerisch-kreativen oder publizistischen Beruf selbstständig (d.h. für verschiedene Arbeitgeber) ausübt, ist freiberuflich tätig. Die Vorteile sind die gleichen wie bei jeder anderen selbstständigen Arbeit, das Risiko ist jedoch überschaubarer:

- Die Fixkosten sind geringer: Für die meisten freiberuflichen Tätigkeiten braucht man wenig Startkapital; meist reichen funktionierende Kommunikationsstrukturen (Internetanschluss, Computer) und ein Arbeitsplatz daheim oder in einer Bürogemeinschaft.
- Freiberufler sind günstiger versichert: Freiberufler in künstlerischen oder publizistischen Berufen, bekommen von der Künstlersozialkasse einen Zuschuss zur Kranken-, Renten- und Pflegeversicherung in Höhe von 50 Prozent der Beiträge. Wer in den oben genannten Bereichen tätig ist, kann sich bei der Künstlersozialkasse anmelden (Internetadresse siehe Seite 172).

ERFAHRUNGSBERICHT

MAREN: *Seit mein Mann wieder in seinem Beruf arbeitet, bin ich freiberuflich tätig. Das passt sehr gut zu unserer Familiensituation. Ich teile mir meine Zeit selbst ein, kann dank gut ausgebauter W-LAN Strukturen in meinem Umfeld fast überall arbeiten: Im Büro, zu Hause, bei Freunden, manchmal sogar im Café … Mein Mann ist für Filmreisen zum Teil wochenlang unterwegs. In diesen Zeiten bin ich nach Bedarf jederzeit für unsere Kinder da. Aus welchem Grund auch immer das nötig ist, ob die Kids krank sind oder ob sie einfach so mal ein bisschen mehr Mama brauchen – ich kann immer dann Zeit mit ihnen verbringen, wenn die Situation es erfordert. Ich finde es einfach klasse, jederzeit selbst entscheiden zu können, wie ich meine Prioritäten setze. Dafür nehme ich gern in Kauf, häufiger am Abend oder nachts zu arbeiten und weniger Sicherheit als bei einer Festanstellung zu haben.*

CHECK

Wie viel Arbeitszeit kann ich zur Verfügung stellen?

→ Bevor Sie in Vertragsverhandlungen mit dem früheren oder einem neuen Arbeitgeber starten, sollten Sie sich überlegen, wie viel Zeit Sie dem Unternehmen zur Verfügung stellen können. Klären Sie mithilfe der folgenden Fragen, wie viele Arbeitsstunden pro Woche für Ihre persönliche Balance richtig sind und wie viel Flexibilität Sie benötigen.

Wie viel Zeit haben Sie?

Mehrere Faktoren bestimmen Ihr Arbeitszeitbudget. Vor allem kommt es darauf an, wie viel Stunden Sie Ihr Kind betreuen lassen möchten und Ihnen eine entsprechende Betreuungsmöglichkeit zur Verfügung steht. Doch darüber hinaus geht es auch um Ihre persönliche Belastbarkeit und Ihre Entfernung zum Arbeitsplatz.
Folgende Fragen sollten Sie, am besten mit Ihrem Partner, im Vorfeld klären:

- ○ Wie viele Stunden können und wollen Sie Ihr Kind betreuen lassen?
- ○ Wie belastbar sind Sie? Je mehr Stunden Sie dem Unternehmen zur Verfügung stehen, desto mehr sind Sie in die Prozesse involviert und desto komplexer wird auch Ihre Arbeitssituation. Schätzen Sie Ihre Kapazitäten im Vorfeld realistisch ein. Überlegen Sie, wie viele Stunden Sie arbeiten können, ohne sich zu überfordern.
- ○ Gibt das Unternehmen vor, dass Sie die gesamte vertraglich festgelegte Zeit an Ihrem Arbeitsplatz verbringen müssen? Oder können Sie einen Heimarbeitsplatz einrichten, um zusätzlich einige Stunden von zu Hause zu arbeiten. Möchten Sie eine solche Möglichkeit überhaupt wahrnehmen?
- ○ Wie viele Stunden pro Woche kann und möchte Ihr Partner (oder Oma/Opa ...) zusätzlich am Nachmittag zuverlässig Ihr Kind betreuen? Können Sie sich 100-prozentig darauf verlassen?

- Wie weit ist Ihr Weg zur Arbeit, und wie viel Zeit nimmt er in Anspruch? Wie viel Zeit brauchen Sie von der Arbeitsstätte zur Betreuungseinrichtung? Wegezeiten sollten Sie nicht unterschätzen – es ist Zeit, die Sie in Ihre Zeitplanung unbedingt einrechnen müssen.
  Angenommen, Ihr Hin- und Rückweg zur Arbeit beträgt täglich eine Stunde, dann bedeutet das, dass Ihr Kind in dieser Stunde zusätzlich betreut werden muss.
- Kann Ihr Partner (oder Oma/Opa...) das Kind an einigen Tagen zur Betreuung bringen oder abholen? Das wäre eine spürbare Erleichterung für Sie, wenn Sie ohnehin einen weiteren Weg zur Arbeit haben.
  Tipp: Falls die Arbeitsstätte weit von Ihrer Wohnung entfernt ist, sollten Sie nach Möglichkeit eine Betreuungsstätte in der Nähe Ihres Arbeitsplatzes suchen.

Wie flexibel müssen Sie sein? Wie flexibel ist Ihr Arbeitgeber?

Für Mütter ist eine flexible Arbeitszeitgestaltung von großer Bedeutung. Finden Sie heraus, wie viel Flexibilität Ihnen Ihr Arbeitgeber für Ihre Arbeitszeitgestaltung einräumt und wie viel Flexibilität er andererseits von Ihnen erwartet.

- Bietet das Unternehmen flexible Arbeitszeiten? Können Sie auch mal später kommen, wenn es gar nicht anders geht?
- Besteht die Notwendigkeit, ab und zu Auswärtstermine wahrzunehmen? Klären Sie: Wer kann in dieser Zeit für Ihr Kind da sein?
- Ist das Unternehmen auf Mütter eingestellt, oder müssen Sie damit rechnen, dass wichtige Termine auf den (späten) Nachmittag gelegt werden?
- Ist im Falle der Krankheit Ihres Kindes im Unternehmen eine Vertretung einfach zu organisieren? Können dringende Aufgaben auf diese Weise auch erledigt werden, wenn Sie kurzfristig ausfallen?

Fazit: Sollte das Unternehmen sehr viel zeitliche Flexibilität von Ihnen verlangen, Ihnen im Gegenzug aber nur wenig gewähren, sind Schwierigkeiten unter Umständen vorprammiert. Stellen Sie die Rahmenbedingungen Ihren Bedürfnissen gegenüber, damit es nach dem Wiedereinstieg kein böses Erwachen gibt.

3

Den richtigen Vertrag gekonnt aushandeln

Sobald Sie wissen, wie Sie sich den Wiedereinstieg in den Beruf vorstellen, geht es an die Vertragsverhandlungen mit dem Arbeitgeber. Gehen Sie selbstbewusst in die Verhandlungen: Die einzige Einschränkung, die Sie als Mutter haben, ist Zeit. Das hat aber keinen Einfluss auf Ihre Kompetenz!
Seien Sie sich Ihres Wertes bewusst, und verkaufen Sie Ihrem Arbeitgeber Ihr Können, Ihre Begeisterung und Ihren Willen! Die eingeschränkte Zeit, in der Sie zur Verfügung stehen können, ist einfach eine klare Notwendigkeit des Mutterseins. Sie ist aber kein Grund, an der eigenen Leistungsfähigkeit zu zweifeln.

→ Arbeitszeiten

Für den Wiedereinstieg empfiehlt es sich, zunächst mit einer etwas geringeren Stundenzahl als mittelfristig geplant zu arbeiten, und diese nach einer Eingewöhnungsphase aufzustocken. Da Ihr Arbeitgeber eine Budgetplanung macht, sollten Sie unbedingt schon beim Wiedereinstieg besprechen, ob Sie nach der Einstiegsphase mehr arbeiten möchten.

→ Flexibilität

Flexible Arbeitszeiten erleichtern das Leben für berufstätige Mütter erheblich. Deshalb sollte man alle Möglichkeiten einer zeitlichen Flexibilisierung konsequent nutzen.
Allerdings hat die Flexibilität auch ihre Grenzen: Der Arbeitgeber braucht Verlässlichkeit, um mit Ihnen planen zu können. Wenn Sie ohnehin mit einer eingeschränkten Stundenzahl zur Verfügung stehen, ist es häufig schwierig, zusätzlich noch ein Maximum an Flexibilität zu erhalten. Mehr zur Ausgestaltung flexibler Arbeitszeiten erfahren Sie auf den Seiten 77–79.

ERFAHRUNGSBERICHT

MAREN: *Nach der Geburt meines ersten Kindes habe ich zunächst 15 Stunden in der Woche an drei Tagen angestellt gearbeitet, später dann sukzessive die Stundenzahl erhöht. Ich fand es ideal, zunächst etwas weniger zu arbeiten, und so die Chance zu haben, die neuen Aufgaben und das Leben als »Working Mum« entspannt in den Griff zu bekommen.*

→ Einstiegsgehalt

Nehmen Sie die Arbeit an Ihrem früheren Arbeitsplatz wieder auf, orientiert sich Ihr Gehalt in der Regel am letzten Bruttogehalt vor der Babypause. Arbeiten Sie in Teilzeit, wird das Gehalt entsprechend der verminderten Stundenzahl angepasst.
Beim Einstieg in ein neues Unternehmen dürfen Sie, je nach Anforderungsprofil der neuen Stelle, durchaus etwas mehr erwarten: Bei entsprechender Leistung können Sie ein Einstiegsgehalt verhandeln, das höher liegt als Ihr letztes Gehalt vor der Babypause. Dies hängt davon ab, wie stark Ihre Verhandlungsposition ist, und wie gut Sie sich im Gespräch verkaufen (siehe nächste Seite).

→ Kinder? Im Job die schönste Nebensache der Welt!

Auch wenn es Ihnen vielleicht schwerfällt: In Verhandlungen mit dem Arbeitgeber sind Kinder nur ein Randthema. Wer ausschweifend und begeistert über sein Kind erzählt, wird sicherlich große Sympathien als Mutter ernten.
Es geht Ihnen in Ihrem Gespräch aber in allererster Linie nun einmal darum, als qualifizierte, leistungsbereite Arbeitnehmerin wahrgenommen zu werden, die ein angemessenes Gehalt verdient! Deshalb empfiehlt es sich, dass Sie sich in Bezug auf Kinder kurz fassen. Es genügt zu erwähnen, wie glücklich Sie mit ihnen sind, und wie sehr die Kinder das eigene Dasein bereichern.
Wichtig: Betonen Sie vor allem, wie toll Sie das Thema Betreuung gelöst haben, oder dass Ihr Kind sich auch bei Papa und Oma richtig wohl fühlt …
So gewinnt der Arbeitgeber den Eindruck, dass Sie nicht nur eine zufriedene Mutter, sondern auch weiterhin eine zuverlässige und leistungsfähige Mitarbeiterin für ihn sein werden, die ihr Leben bestens im Griff hat.

3

ERFAHRUNGSBERICHT

ASTRID: *Bei einem Einstellungsgespräch ist es mir wichtig, dass eine Mutter offen kommuniziert, was sie leisten kann bzw. will und was nicht. Das schützt uns und sie vor späteren Enttäuschungen. Wenn die Bewerberin auf die Stelle passt, dann erarbeiten wir ein Arbeitszeitmodell, das für beide Seiten sinnvoll ist. Hier versuchen wir, ihre Wünsche weitestgehend zu berücksichtigen. Wenn sie bereits selbst einen tragfähigen Plan entwickelt hat, wie sie Familie und Karriere vereinbaren möchte, dann ist das ein großer Pluspunkt – und dann vertraue ich ihr, dass sie es schaffen wird.*

Wie man klug ums Geld verhandelt

Das wichtigste für die Gehaltsverhandlung ist ein gesundes Selbstbewusstsein und ein sicheres Auftreten. Sie sollten genau wissen, was Sie bieten können und welche Leistungen des Arbeitgebers Sie im Gegenzug erwarten. Die eigene Leistung kleinzurechnen, ist genauso wenig hilfreich wie Selbstüberschätzung.

→ Realistisch planen!

Wenn es ums Geld geht, ist Realismus gefragt, und der hat feste Bezugsgrößen als Grundlage. Das sind beispielsweise Berufserfahrung, das letzte Gehalt vor der Babypause, berufliche Qualifikation und genauso auch (eventuell neu erworbene) Zusatzkenntnisse. Wenn Sie nach der Babypause beim gleichen Arbeitgeber weiterarbeiten wie vorher und die gleiche Tätigkeit ausüben, erhalten Sie selbstverständlich das gleiche Gehalt wie vorher. Bei gleicher Tätigkeit, aber verminderter Stundenzahl wird das Gehalt prozentual angepasst.

Wenn Ihr letztes Gehalt vor der Babypause nicht als Bezugsgröße dienen kann, heißt es für Sie, herauszufinden, was gehaltsmäßig drin ist bzw. drin sein kann. Im Internet finden Sie Gehaltsrechner, mit deren Hilfe Sie herausfinden können, was in Ihrer Position durchschnittlich verdient wird (siehe beispielsweise unter www.gehaltsvergleich.com).

→ Wie ist Ihr Marktwert und Ihre Gehaltsvorstellung?

Dann sollten Sie als wichtigste Zahl das angestrebte Jahresbruttogehalt mit in das Gespräch nehmen. Ein Monatsgehalt sagt als Richtgröße wenig aus: In manchen Unternehmen werden z.B. Urlaubs- und Weihnachtsgeld gezahlt, in anderen nicht. Oder es gibt Sonderzulagen, Boni und Vergünstigungen wie einen Firmenwagen – entsprechend liegt das monatlich ausbezahlte Gehalt etwas niedriger.

Es macht übrigens Sinn, auch bei einer angestrebten Teilzeitarbeit zunächst mit einer vollen Stelle zu kalkulieren, dann hat der Vorgesetzte eine Vergleichsgröße. Das Gehalt wird dann im Vertrag an die ermäßigte Stundenzahl angepasst.

Die Tipps auf der nächsten Seite helfen Ihnen bei einer erfolgreichen Gehaltsverhandlung. Bedenken Sie: In einem Gehaltsgespräch geht es darum, die eigene Leistung bestmöglich zu verkaufen. Ihr Ziel sollte es sein, Ihren Boss davon zu überzeugen, dass Sie ein gutes Gehalt verdienen.

TIPP

Jetzt geht's ums Geld!

GUTE VORBEREITUNG HILFT

Notieren Sie die wichtigsten Fakten und Argumente am besten schon vorher auf einem kleinen Spickzettel. So schlagen Sie Ihrer Aufregung ein Schnippchen und können ruhiger sprechen.

HALTUNG BEWAHREN

Bleiben Sie gelassen und freundlich, nehmen Sie eine aufrecht-entspannte, dem Gegenüber zugewandte Körperhaltung ein. Eine positive und selbstbewusste Körpersprache hilft, erfolgreich zu verhandeln!

KOMPETENZ BETONEN

Beschreiben Sie kurz und auf den Punkt, was Sie bieten können (Berufserfahrung, Spezialwissen, Fähigkeiten im Bereich Arbeitsorganisation), und sagen Sie dann, welches Gehalt Ihrer Meinung nach dafür angemessen ist.

NUR LEISTUNG ÜBERZEUGT

Vermeiden Sie, Sätze wie: »Ich brauche jetzt einfach mehr Geld, schließlich habe ich Familie.« Wenn es ums Gehalt geht, gibt es nur ein einziges zuverlässig wirksames Argument: Ihre Leistung.

BEGRÜNDUNGEN LIEFERN

Im Gehaltsgespräch zählen Begründungen und handfeste Tatsachen. Sagen Sie nicht nur »Ich bin toll organisiert und war im letzten Jahr sehr erfolgreich.«. Werden Sie konkret. Erzählen Sie, was genau Ihren Erfolg ausmacht und woran er sich messen lässt.

VORAUSDENKEN ÜBERZEUGT

Machen Sie sich vor dem Gespräch Gedanken, wie Sie in Ihrem Aufgabenbereich künftig noch besser und erfolgreicher sein können, und erklären Sie Ihrem Chef, wie Sie sich die konkrete Umsetzung vorstellen. Was Chefs fast noch mehr schätzen als Mitarbeiterinnen, die in der Vergangenheit erfolgreich waren: Mitarbeiterinnen, die in Zukunft erfolgreich sein werden!

KENNEN SIE IHREN PREIS?

Seien Sie sich genau darüber im Klaren, welches Gehalt Sie erwarten. Lassen Sie ein klein wenig Verhandlungsspielraum, aber pokern Sie nicht zu sehr in die Höhe. Überzogene Forderungen wirken schnell unprofessionell.
Aber: Gehen Sie in der Verhandlung auch nicht unter Ihre Schmerzgrenze. Sollte das Gehaltsangebot unter Ihren Vorstellungen liegen, bitten Sie Ihren Boss um Bedenkzeit, und wägen Sie in Ruhe alle Vor- und Nachteile der Stelle ab.

»Da bin ich wieder!« Zurück am Arbeitsplatz

Wenn Sie nach der Babypause wieder zurück sind oder bei einem neuen Arbeitgeber anfangen, kommt es darauf an, schnell mitten im Geschehen zu sein und die Kollegen und Vorgesetzten mit Ihrer Leistung zu überzeugen.
Denn es kann durchaus passieren, dass man Sie zunächst kritisch beäugt: Sind Sie auch als Mutter noch gut in Ihrem Job? Darauf antworten Sie am besten nicht mit Worten, sondern mit schlüssigem Handeln: Zeigen Sie einfach, wie gut Sie Ihren Job können! Wenn Sie durch professionelles Verhalten klare Signale setzen, haben schon nach kurzer Zeit alle verstanden, dass Sie auch als Mutter eine fähige, motivierte und perfekt organisierte Kollegin sind.

So klappt der Neustart!

→ Übergabe organisieren

Kehren Sie an Ihren früheren Arbeitsplatz zurück, sollten Sie mit Ihrer Schwangerschaftsvertretung vorher einen Übergabetermin vereinbaren.
Hier ist Eigeninitiative gefragt: Am besten verabreden Sie schon vor dem ersten Arbeitstag per Telefon oder Mail einen Termin, damit ausreichend Zeit für eine Übergabe eingeplant wird. Falls die Schwangerschaftsvertretung nur befristet angestellt war, kann es nämlich passieren, dass sie schon nicht mehr im Unternehmen arbeitet, wenn Sie zurückkehren. Oder sie bleibt im Unternehmen, tritt aber dort einen neuen Arbeitsplatz an und hat in ihrem Terminkalender keine Zeit für eine Übergabe.
Kümmern Sie sich unbedingt rechtzeitig darum, alle benötigten Informationen zu erhalten, und planen Sie im Voraus gemeinsam mit Ihrem Vorgesetzten, dass Sie eine umfassende Versorgung mit Startinformationen erhalten.
Wenn Sie bei einem neuen Arbeitgeber anfangen, gilt Ähnliches: Sie sollten vorab klären, wer Ihnen alle wichtigen Informationen zur Verfügung stellt. Und lassen Sie auf keinen Fall locker, bevor Sie nicht alles Notwendige erfahren haben!

→ Auf ein klares Anforderungsprofil achten

Sie sollten Ihre Zielvorgaben kennen. Oft erledigt sich das von selbst, weil Ihr Chef Ihnen mitteilt, welche gemeinsamen Ziele Sie haben. Falls nicht, sollten Sie innerhalb der ersten Arbeitswoche das Gespräch mit Ihrem Vorgesetzten suchen und gemeinsam einen Plan für die kommenden Monate erstellen. Sobald Sie wissen, was man von Ihnen erwartet, können Sie viel besser und erfolgreicher arbeiten!

→ Kontakte pflegen

Den Kontakt zu den unmittelbaren Kollegen hat man idealerweise in der Zeit des Mutterschutzes bzw. der Elternzeit gehalten. Sind Sie wieder zurück, sollten Sie alle begrüßen und sich ins Team integrieren. Bei einem neuen Kollegium sollten Sie sich bekannt machen und Kontakte knüpfen. Da Sie nur eingeschränkt am Arbeitsplatz sind, ist es umso wichtiger, ein funktionierendes soziales Netz im Unternehmen zu haben. So erfahren Sie, was in dem Meeting nach 16:00 Uhr besprochen wurde und bleiben auch bei zeitweiser Abwesenheit im Geschehen. Gewöhnen Sie es sich gar nicht an, längere Gespräche während der Arbeitszeit zu führen. Zeit ist schließlich Ihre knappste Ressource, und Sie brauchen die Arbeitszeit, um Leistung zu erbringen. Besser ist es, die Mittagspause für ausgedehntere Gespräche zu nutzen.

→ Jobthemen bevorzugen

Es ist nur allzu verlockend, mit den Kollegen ausschweifend über sein Kind zu reden. Doch das gehört zu den Dingen, die man wirklich nur mit sehr engen und vertrauten Kollegen tun sollte. Den Babytalk wissen weder Vorgesetzte noch Kollegen so recht zu schätzen: Sie denken dann schnell, Sie sind nicht genug am Geschehen des Unternehmens interessiert. Besser ist es, in der ersten Zeit ganz bewusst Jobthemen anzuschneiden, um damit die eigene Professionalität zu unterstreichen!

→ Frühzeitig abgrenzen

Auch wenn Sie davon kein großes Aufhebens machen und im Job volle Leistung bringen, dürfen Vorgesetzte und Kollegen gern deutlich merken, dass Sie Mutter sind: Sie sollten pünktlich Feierabend machen, und Sie sollten auch darauf achten, dass Meetings so gelegt werden, dass Sie alles mitbekommen und trotzdem zur vereinbarten Zeit gehen können.
Und bei regelmäßigen Zusatzaktivitäten wie beispielsweise »nach Feierabend noch einen trinken gehen« dürfen Sie gern klar und deutlich sagen, dass Ihnen dafür momentan leider die Zeit fehlt.
Ein elementarer Bestandteil des Gleichgewichts zwischen Familie und Job besteht darin, dass Sie den Fokus auf die wesentlichen Dinge legen: Ihr Kind. Ihre Arbeit. Ihre Partnerschaft.

Unvorhergesehens einplanen: Was ist, wenn …

Das Leben mit Kindern bedeutet Unwägbarkeiten. Der größte Schwachpunkt des Working-Mum-Daseins sind ohne Zweifel die Kinderkrankheiten. Hier ist jedes Kind anders: Das eine kränkelt während der ersten Jahre sehr viel, das andere eher selten. Auf jeden Fall lohnt es, sich für diese Fälle einen Plan aufzustellen. Der Gesetzgeber gesteht Ihnen und dem Vater zwar pro Kind und Jahr je zehn zusätzliche freie Arbeitstage für den Krankheitsfall zu (für Alleinerziehende sind es 20 Tage), doch für das gute Gefühl sich selbst und dem Arbeitgeber gegenüber ist es hilfreich, wenn diese zusätzlichen Krankentage nur im Notfall genutzt werden müssen. Sind Sie zu häufig abwesend, entsteht schnell der Eindruck, man könne sich auf Sie nicht verlassen. Das ist für das Ansehen im Beruf nicht förderlich.

… das Kind krank ist?

Wenn Ihr Kind krank sein sollte, gibt es verschiedene Möglichkeiten, nicht allein für seine Betreuung tagsüber zuständig sein zu müssen:

- Bitten Sie Oma/Opa oder eine andere vertraute Betreuungsperson, einzuspringen (schon vorher besprechen, wie flexibel sie im Notfall sein können).
- Besprechen Sie mit Ihrem Partner, ob auch er für das kranke Kind da sein kann und einige Krankentage nutzt.
- Klären Sie mit Ihrem Chef, ob Sie einige Dinge von zu Hause aus erledigen können.

Im Zweifel geht natürlich immer Ihr Kind vor, und das wird auch jede Mutter so handhaben. Aber wenn Sie sich auf eventuelle Krankheitsfälle einstellen und von anderen Familienmitgliedern oder guten Freunden in dieser Situation unterstützt werden, geraten Sie weniger in Stress.
Ist Ihr Kind so krank, dass es unbedingt seine Mama braucht, dann ist eine klare Kommunikation mit dem Arbeitgeber wichtig. Ihn interessieren Fakten, die Sie vor dem Gespräch geklärt haben sollten:

Wie lange ist Ihr Kind voraussichtlich krank bzw. werden Sie abwesend sein?
Hier möglichst einen klaren Zeitraum angeben. (»In drei Tagen sollte es der Kleinen deutlich besser gehen.«)

Was liegt in der Zeit an und wie kann Ihre Abwesenheit ausgeglichen werden?
Genau sagen, welche Meetings, Termine, Aufgaben in diese Zeit fallen. Schon vor

dem Gespräch mit dem Vorgesetzten sollten Sie so weit wie möglich selbst für die Lösung sorgen. (»Den Termin habe ich verlegt, die Mails beantworte ich von zu Hause aus und die Kollegin übernimmt mein Projekt für die Zeit«.) So wird das Ereignis »Kinderkrankheit« dem Arbeitgeber in positiver Erinnerung bleiben – weil Sie gerade in solchen Krisenzeiten beweisen, dass Sie Ihren Job fest im Griff haben!

TIPP

Was tun, wenn mein Kind sehr oft krank ist?

→ Wenn sich Kinderkrankheiten derart häufen, dass Sie befürchten müssen, weder Kind noch Job auf Dauer gerecht werden zu können, dann sollten Sie mit Ihrem Arbeitgeber gemeinsam nach Lösungen suchen. Vielleicht besteht die Möglichkeit, einen Heimarbeitsplatz einzurichten. Oder Sie können für eine Weile etwas weniger arbeiten. Vielleicht können Sie auch Ihren Jahresurlaub in einem Stück nehmen, damit sich Ihr Kind in Ruhe auskurieren kann. Solche Entscheidungen fallen natürlich nie leicht, aber besser, Sie versuchen, gemeinsam eine echte Lösung zu finden, als im Alltag fortlaufend gegen kleine Katastrophen zu kämpfen und sich ständig innerlich zerrissen zu fühlen.
Zum Trost sei gesagt: Die Krankheitsphasen kleiner Kinder sind irgendwann vorbei, und dann läuft endlich alles wieder leichter.

... Unvorhergesehens eintritt?

Unvorhersehbarkeiten passieren nicht nur auf Seiten des Kindes, sondern genau so auf Seiten des Unternehmens und der Arbeit. Da dauert ein wichtiges Meeting plötzlich ungeahnt lange, ein Projekt ist in der Endphase und erfordert zusätzliche Arbeitsstunden oder ein Auswärtstermin beim Kunden ist nötig und auf der Rückfahrt zum Kindergarten hindert Sie ein langer Stau daran, pünktlich zu sein.
In solchen Fällen hilft ein gut organisiertes Mütter- bzw. Väternetzwerk. Eine befreundete Mutter nimmt das Kind sicherlich gern eine halbe Stunde (oder länger) mit nach Hause, bis der Stau überwunden ist. Ein netter Papa geht vielleicht mit seinem und einem weiteren Kind noch eine Runde auf den Spielplatz.
Bedenken Sier: In Elternnetzwerken zählt Geben und Nehmen. Sie sollten also, wenn es Ihre Zeit erlaubt, ebenfalls als Spontanbetreuuerin für andere einspringen können. Elternsolidarität ist ein äußerst wichtiger Bestandteil in einem funktionierenden MamaHappy-Leben – Engagement lohnt sich hier!

3

Wie Mütter Karriere machen

Während man von Vätern geradezu erwartet, dass sie die Karriereleiter heraufpurzeln, sobald ein Kind sich ankündigt – schließlich haben sie von nun an »eine Familie zu ernähren«, sind die meisten Menschen bei Müttern nach wie vor eher skeptisch.
Manche Menschen glauben, Mütter würden automatisch die eigenen egoistischen Selbstverwirklichungsbelange über das Kind und die Interessen der Familie stellen, wenn sie ihren beruflichen Weg weiter verfolgen möchten. Das ist natürlich Unsinn! Schließlich haben auch wir Mütter eine Familie zu ernähren, oder zumindest müssen wir einen Teil dazu beitragen. Und eine Karriere muss keinesfalls so laufen, dass man das Kind deswegen vernachlässigt.
Am besten schert man sich deshalb wenig um die gängigen Vorurteile. Sondern entscheidet selbst, wie viel Berufserfolg man anstrebt und wie sich dieser realistisch umsetzen lässt.

In sechs Schritten zur Karriere

1 Selbstbewusst sein

»Klar will ich Karriere machen!« Das klingt viel besser und selbstsicherer als ein zögerliches »Ich würd' ja gern, aber das ist für eine Mutter doch viel zu schwierig …«. Wer soll daran glauben, dass eine Mama Karriere machen kann, wenn nicht wir Mütter selbst? Lassen wir uns nicht beirren. Auch mit Kind können Frauen sich beruflich weiterentwickeln. Beschränkungen und Hindernisse gibt es immer – aber bitte nicht in unserem eigenen Kopf!

2 Realistisch sein

Zur Karriereplanung einer Mutter gehört eine gesunde Portion Realismus. Selbstverständlich kann sie Karriere machen – aber jede Karriereoption kann man nicht mehr wählen. Über den ganzen Globus jetten, 80 Stunden pro Woche verfügbar sein? Das wird vermutlich wirklich schwierig und ein solches Leben kostet die meisten Mütter und ihre Kinder wahrscheinlich zu viel an Lebensqualität. Das gilt übrigens nicht nur für Working

Mums, sondern auch für Frauen ohne Kinder: Einem solchen Leben muss man als kinderlose Frau ebenfalls sehr viele private Opfer bringen. Besser ist es, sein Augenmerk nicht auf die Limits zu legen, sondern auf die Chancen! Schauen wir einfach, welche Ziele realistisch sind – und planen mutig darauf hin.

3 Langfristig denken

Eine Karriere ist eine konstante berufliche Weiterentwicklung, kein Über-Nacht-Erfolg. Karriere machen – das bedeutet: Ausdauer, Kraft, Durchsetzungsvermögen und Konstanz in der Leistung zu zeigen und dafür angemessen bezahlt zu werden. Es ist vollkommen o.k., sich Ziele langfristig zu stecken und in Zwischenzielen zu denken. Wenn wir unser gesamtes Leben ansehen, sind die Kinder nur ein paar Jahre klein. Warum die Rushhour des Lebens also nicht ein wenig entzerren und mit kleinen Kindern zunächst kleinere Karriereschritte gehen? Hauptsache, es geht in die richtige Richtung! Wenn die Kinder wachsen, können die Schritte auch größer werden.

Das Geheimnis des Vorankommens besteht darin, dass man anfängt. Das Geheimnis des Anfangens liegt darin, dass man seine komplexen und überwältigenden Aufgaben in kleine, durchzuführende Handgriffe zerlegt und dann mit dem ersten beginnt.

[MARK TWAIN]

4 Einen Plan haben

Für eine Karriere muss ein Plan erstellt werden. Auch wenn eine solche Lehrbuch-Karriereplanung manchmal etwas übertrieben anmutet: Es hilft wirklich, sich einmal klar zu machen, wo man in fünf Jahren beruflich stehen will – und es aufzuschreiben! Daraus kann man dann die Zwischenziele für den weiteren Berufsweg ableiten. Es sollte auch aufgeschrieben werden, was für die einzelnen Schritte zu tun ist.

5 Helfer suchen

Eine Karriere wird häufig durch einen (oder mehrere) Mentoren bzw. Mentorinnen begleitet. Diese arbeiten meist ein oder mehrere Stufen höher und haben

CHECKLISTE

Meine Karriere

- ◯ Heute arbeite ich als ______________________________
  In fünf Jahren möchte ich ______________________________
  sein.
- ◯ Das erreiche ich, indem ich ______________________________
  ____
- ◯ Meine größten Erfolge werde ich vermutlich im Bereich ______________
  haben, weil ich besonders gut ______________________ kann.
- ◯ Die nächsten Schritte, die ich unternehmen werde, sind ______________
  ____
- ◯ Meine Zwischenziele:
  In einem Jahr ______________________________
  In drei Jahren ______________________________
- ◯ Sollte ich diesen Plan nicht verwirklichen können, hätte ich folgende Alternative:
  ____
  ____

daher die Möglichkeit, direkt oder indirekt zu fördern. Als Working Mum ist es sehr hilfreich, jemanden als Mentor zu haben, der die eigene Lebenssituation versteht, am besten weil sie oder er selbst Kinder hat. Findet sich im eigenen Unternehmen niemand, der als Mentor oder Mentorin infrage kommt, sollte man im privaten Umfeld suchen.

Es gibt zwar auch Mentorinnen-Netzwerke im Internet (www.frauenmachenkarriere.de, weitere Adressen siehe Seite 172), unserer Erfahrung nach funktioniert das Mentoring aber deutlich besser, wenn man mit der betreuenden Person in direktem beruflichen Kontakt steht.

6 Auf sich selbst achtgeben

Im Berufsleben werden Sie immer mal wieder an Grenzen stoßen: Die Arbeit droht, Ihnen über den Kopf zu wachsen. Die Kinder sind fordernd. Der Partner ist anspruchsvoll. Alles scheint Ihnen einfach viel zu viel. In solchen Momenten ist es nicht so leicht, einen kühlen Kopf zu wahren.

Wenn Sie spüren, dass Sie das Leben als arbeitende Mutter tendenziell überfordert, sollten Sie rechtzeitig gegensteuern, bevor die Situation eskaliert. Ein emotionaler Ausbruch am Arbeitsplatz mit Sätzen wie »Ich schaff das alles nicht mehr« ist nämlich überhaupt nicht hilfreich für das berufliche Vorwärtskommen. Und wenn Sie sich monate- oder jahrelang selbst ausbeuten und überfordern, wird Ihre Gesundheit Sie das irgendwann sehr deutlich spüren lassen.

Deshalb sollten Sie sich rechtzeitig ein paar Geheimwaffen zulegen, um sich selbst zu entlasten. Perfekte Organisation hilft, die Fähigkeit zu priorisieren und in jeden Vorgang nur so viel Energie hineinzustecken, wie für den Erfolg nötig ist, ebenfalls (Die Tipps zur Familienorganisation auf Seite 109 treffen weitgehend auch auf das Berufsleben zu). Die menschlichen Beziehungen intakt zu halten ist wichtig, vor allem zu den Kindern und zum Partner, aber auch zu Vorgesetzten und Kollegen.

Und an der richtigen Stelle ist stets ein gesundes Quentchen Egoismus angebracht: Sie müssen keineswegs immer alles können! Sie dürfen sehr wohl auch einmal ein Projekt ablehnen oder den Arbeitgeber bitten, eine Aufgabe jemand anderem zu übertragen. Es ist viel klüger, nur das zu machen, was man gut schaffen kann, als zu denken: »Für meine Karriere muss ich das alles bewältigen.«

Karriere machen bedeutet eben nicht nur, beruflich erfolgreich zu sein und seinen Weg zu gehen, sondern auch, sich selbst gut einschätzen zu können und in der eigenen Kraft zu bleiben. Nur so werden Sie in der Lage sein, dauerhaft exzellente Leistung zu erbringen.

Pausen für Weiterbildung nutzen

Viele Mütter bleiben eine Zeit lang für den Nachwuchs daheim, die meisten nehmen zumindest zwölf Monate Elternzeit. Gerade am Anfang ist die Babyzeit für die Mamas noch unglaublich aufregend, alle Energie fließt ins Muttersein. Schließlich sind sie Neulinge auf dem Gebiet des Mutterseins, da hat man einiges zu lernen, und es passieren ständig neue, spannende Dinge. Doch nach einer Weile ist alles eingespielt: Stillen, Wickeln, Füttern, Haushalt, Baby-spaziergänge. Plötzlich verspürt man viel-leicht so richtig Lust, mal wieder etwas ganz anderes um die Ohren zu haben. Wer noch nicht wieder arbeitet, aber etwas für seine berufliche Entwicklung tun möchte, könnte z.B. die zahlreichen Abende daheim nutzen und eine kleine private Fortbildung durchführen. Je nach Zeit, Interessen und zur Verfügung stehender Energie kann man sich auch mit den neusten Computerprogrammen, mit Fremdsprachen oder Kursen in Organisation oder Zeitmanagement vergnügen. Fachzeitschriften sind eine interessante Abwechslung zur Baby-Lektüre (und wann hatte man im Job jemals Zeit, diese Publikationen wirklich zu lesen?). Je nach Bildungsangebot für den entsprechenden Berufszweig kann es auch Spaß machen, sich mal für ein Wochenendseminar oder ein paar Abende an der Wirtschaftsakademie von der Familie zu verabschieden. Gut organisiert ist ein Abend ohne Baby ein erster kleiner Schritt in Richtung Unabhängigkeit und kann für Mama und Kind eine sehr gute Erfahrung sein. Zusatznutzen: Die neu erworbenen Kenntnisse können ein Karriereplus für die Zeit sein, wenn Sie in den Job zurückkehren!

Fünf Mütter – fünf Karrieren

Wie sind sie denn nun wirklich, die Mütter, die Karriere machen? Sind sie Super-Mamas oder Super-Egos? Die Antwort lautet: Keines von beidem – und manchmal beides ein bisschen.

Wir haben fünf sehr unterschiedliche Frauen zu diesem Thema befragt. Dabei stellte sich heraus, dass sie alle etwas gemeinsam haben: Sie sind bereit, sich für ihre Ziele und ihre Träume zu engagieren, sie denken in unkonventionellen Bahnen – und sie schaffen es, in ihrem Leben den Fokus auf das zu legen, was ihnen wirklich gleichermaßen wichtig ist: ihre Kinder, ihre Karriere und ihre Partnerschaft. Lesen Sie, wie diese Frauen es geschafft haben (und es schaffen), Kinder und Beruf miteinander zu vereinbaren.

Die Teilnehmerinnen:

KATRIN WICHMANN, 30, ist Schauspielerin am Hamburger Thalia Theater. 2007 wurde sie als beste Nachwuchsschauspielerin mit dem Boy-Gobert-Preis ausgezeichnet. Sie lebt mit ihrem Sohn Lasse (7) in Hamburg.

MARIE-LUISE LEWICKI, 48, ist Chefredakteurin der Zeitschrift »Eltern«. Für ihren Sohn Marcel, heute 21, unterbrach sie zunächst ihre Karriere als Journalistin und startete dann bei »Eltern« durch. Nicht nur aus der eigenen, sondern auch aus den Erfahrungen ihrer Leserinnen kennt sie die Situation arbeitender Mütter sehr genau. Marie-Luise Lewicki lebt mit ihrem Mann in München.

DAGMAR FRITZ-KRAMER, 36, ist Geschäftsführerin der Baufritz GmbH. Das Unternehmen gehört zu den Innovationsführern im Bereich ökologisches Bauen. 2008 wurde die studierte Innenarchitektin und Wirtschaftsingenieurin zur Unternehmerin des Jahres gekürt. Sie ist Mutter eines zweijährigen Sohnes und lebt mit ihrer Familie im Allgäu.

DR. VERONIKA RÖPER, 36, ist leitende Ärztin des Mutter-Kind-Therapeutikums auf Fehmarn. Sie ist verheiratet und hat zwei Kinder. Sie lebt mit ihrer Familie auf der Ostsee-Insel.

KAREN QUEITSCH, 40, ist Innenarchitektin und Flagship Design Manager bei Montblanc International. Sie lebt mit ihrem Mann, ihrem Sohn und ihrer Tochter in Hamburg.

Wie viele Stunden pro Woche arbeiten Sie durchschnittlich?

KATRIN WICHMANN: Ich arbeite zwischen 30 und 60 Stunden in der Woche – immer abhängig davon, welches Stück wir gerade spielen und wie zeitaufwendig die Proben sind.

MARIE-LUISE LEWICKI: Ich arbeite etwa 50 Stunden pro Woche. Als Marcel im Krippenalter war, habe ich rund 40 Stunden pro Woche gearbeitet.

DAGMAR FRITZ-KRAMER: Ich arbeite 40 bis 60 Stunden in der Woche, je nachdem, wie viel zu tun ist.

DR. VERONIKA RÖPER: Ich arbeite 40 Stunden pro Woche.

KAREN QUEITSCH: Bei mir sind es im Schnitt 25 bis 30 Stunden pro Woche, je nach Arbeitsanfall.

Wie ist diese Arbeitszeit verteilt?

KATRIN WICHMANN: Die Probenzeiten liegen zwischen 11:00 und 16:00 Uhr. Gespielt wird abends ab 20:00 Uhr, je nach Länge des Stücks zwei bis vier Stunden. Die Maskenzeiten beginnen meist aber schon um 18:00 Uhr. Wenn wir nicht spielen, sind abends häufig zusätzliche Proben. Es gibt aber auch Phasen, in denen ich viel frei habe. Dann genieße ich es, jede Menge Zeit für mein Kind zu haben.

MARIE-LUISE LEWICKI: Ich bin von 9 bis 19 Uhr im Büro, den Rest erledige ich beim Laufen oder am Wochenende. Als mein Kind kleiner war, habe ich teilweise auch von zu Hause gearbeitet.

DAGMAR FRITZ-KRAMER: Montags und dienstags arbeite ich flexibel. Mittwoch bis Freitag sind es etwa 30 Stunden Jour fixe. Und samstags arbeite ich ebenfalls flexibel.

DR. VERONIKA RÖPER: Ich arbeite jeden Tag von 9 bis 17:00 Uhr. Dienstagnachmittags habe ich frei und bin bei meinen Kindern. Jedes zweite Wochenende habe ich Bereitschaftsdienst.

KAREN QUEITSCH: Ich bin an vier Tagen in der Woche im Büro, jeweils bis 15:30 Uhr. Am Freitag arbeite ich von zu Hause aus oder nehme, wenn es möglich ist, den Tag frei.

Wie sieht Ihre Betreuungslösung aus? Wer kümmert sich in Ihrer Abwesenheit um Ihr Kind?

KATRIN WICHMANN: Tagsüber besucht mein Sohn Lasse eine Ganztagsschule. Bei Bedarf geht er nachmittags noch in den Hort. Abends, wenn ich spiele, passen Babysitter auf ihn auf – ich habe vier verschiedene und noch ein paar Notfall-Telefonnummern. Zugegeben, eine teure Lösung – aber sie funktioniert wirklich sehr gut.

MARIE-LUISE LEWICKI: Mein Sohn ist inzwischen erwachsen. Als er noch zur Schule ging, besuchte er eine Ganztagsschule, und zusätzlich kümmerte sich erst sehr viel sein Vater, später sein Stiefvater um ihn.

DAGMAR FRITZ-KRAMER: Mein Sohn besucht unsere firmeneigene Kindertagesstätte. Und mein Mann ist außerdem viel für ihn da.

DR. VERONIKA RÖPER: Vormittags sind die Kinder in der Schule und im Kindergarten, nachmittags betreut mein Mann die Kinder. Einzige Ausnahme: Dienstagnachmittags bin ich ausschließlich für die Kinder da, denn mein Mann arbeitet an diesem Tag in Hamburg als Sportlehrer.

KAREN QUEITSCH: Unsere Kinder haben ein Au-pair-Mädchen. Unser Sohn Emil geht vormittags in die Schule, und unsere Kleine besucht zweimal pro Woche eine Spielgruppe.

Was sind aus Ihrer Sicht die größten Herausforderungen, als Mutter Familie und Karriere zu verbinden?

KATRIN WICHMANN: Vor allem als Lasse klein war, war es diese Anspannung, immer alles hinkriegen zu müssen. Wenn er krank war, stand ich extrem unter Stress. Wenn er nicht in den Kindergarten gehen konnte und ich die Proben absagen musste, dann hatte ich ein schlechtes Gewissen gegenüber meinem Arbeitgeber. Und wenn er krank im Bett lag und »nur« eine Babysitterin bei ihm war und nicht seine Mama, dann hatte ich das Gefühl, ihm als Mutter nicht zu genügen.

MARIE-LUISE LEWICKI: Meiner Erfahrung nach existieren vor allem auf der mittleren Management-Ebene noch oft familienfeindliche Strukturen. Meetings dauern bis in den Abend, und es gibt zu wenig Teilzeitlösungen beziehungsweise keine Aufstiegschancen für Mütter, die in Teilzeit arbeiten.

DAGMAR FRITZ-KRAMER: Mütter brauchen flexible Arbeitszeitmodelle – die sind häufig noch sehr dünn gesät. In manchen Regionen unseres Landes ist es fast unmöglich, aus historischen Erziehungsstrukturen auszubrechen. Ich vermisse manchmal auch die Offenheit von Geschäftspartnern gegenüber Familien.

DR. VERONIKA RÖPER: Für mich persönlich war es keine Herausforderung, sondern eine gewachsene Selbstverständlichkeit. Mein Mann und ich haben uns das eben so aufgeteilt: Ich arbeite und verdiene das Geld, er kümmert sich vorwiegend um die Kinder. Das hat sich einfach so entwickelt.

KAREN QUEITSCH: Aus meiner Sicht sind es die vielen Nebenschauplätze! Als berufstätige Mutter hat man selten das Gefühl, sich einfach mal »nur« auf den Job konzentrieren zu können. Im Gegensatz zu den Männern beschäftigen wir Frauen uns nebenbei ständig mit tausend kleinen organisatorischen Dingen wie Kindergeburtstage, Zahnarzttermine, Schulveranstaltungen, Ausflüge, Schulaufgaben.

Wie haben Sie diese Herausforderungen gemeistert?

KATRIN WICHMANN: Ich bin von Herzen gern Lasses Mama, und genauso gern bin ich Schauspielerin. Es ist vor allem eine Frage der Perspektive. Man kann sagen »Das Kind bremst mich dabei, mich voll meiner Arbeit hinzugeben, und die Arbeit hindert mich daran, bei meinem Kind zu sein.« Ein Teufelskreis: So fühlt man sich garantiert immer unzulänglich! Dabei ist es genau anders herum: Die Liebe zum Kind erdet mich und gibt mir Kraft für meine Arbeit. Und meine Arbeit macht mich zufrieden und hilft mir dabei, eine gute Mutter zu sein. Seit ich das erkannt habe, ist alles viel leichter.

MARIE-LUISE LEWICKI: Das war bei »Eltern« naturgemäß einfacher als anderswo. Vor allem aber mit dem Verzicht auf persönliche Freizeit. Der ist mir aber nicht schwergefallen, da ich meinen Job und mein Kind sehr liebe und auf Hobbys wunderbar verzichten kann.

DAGMAR FRITZ-KRAMER: Wir haben eine firmeneigene Kindertagesstätte eingerichtet. Dort sind die Bedingungen und Betreuungszeiten auf den Bedarf unserer Mitarbeiter zugeschnitten. Darüber hinaus haben mein Mann und ich ein eigenes Regelwerk für die Kindererziehung. Und ich versuche, erfinderisch zu sein. Manchmal führe ich zum Beispiel sehr unkonventionelle Geschäftstermine durch – mal bei uns zu Hause, mal in der Kindertagesstätte oder auch mal im Freien beim Spazierengehen mit Kinderwagen …

DR. VERONIKA RÖPER: Wie gesagt, ich fühlte tatsächlich nie einen Mutterkonflikt, den ich hätte bewältigen müssen. Bei uns macht einfach jeder das, was er am besten kann. Mein Mann ist einfach phantastisch mit den Kindern. Ich liebe meine Kinder, aber ich wäre vermutlich eine weniger gute Mutter, wenn sich mein Leben ausschließlich um die Kinder drehen würde. Wenn ich heimkomme, freue ich mich, noch was mit meiner Familie zu unternehmen: Wir gehen an den Strand, spielen oder gehen beim Nachbarn Ponyreiten. Ich habe nicht das Gefühl, dass die Kinder mich tagsüber vermissen. Sie kennen es ja schließlich gar nicht anders.

KAREN QUEITSCH: Ich löse das Dilemma, indem ich jeden Tag wieder viel Mut zur Lücke beweise …

Was sollte man aus Ihrer Sicht mitbringen, um als Mutter Karriere zu machen?

KATRIN WICHMANN: Man braucht eine gesunde Portion Egoismus. Das meine ich im positiven Sinne. Wenn einem der Beruf etwas bedeutet, dann muss man sich ein Stück weit abgrenzen können, auch dem eigenen Kind gegenüber.

MARIE-LUISE LEWICKI: Man braucht Zähigkeit, unverbrüchlichen Optimismus, gute Laune und gute Nerven.

DAGMAR FRITZ-KRAMER: Mut, Flexibilität im Kopf und einen guten Rückhalt in der Familie – das sind alles Eigenschaften, die einem als berufstätige Mutter sehr nützlich sein können.

DR. VERONIKA RÖPER: Ich wusste schon vor der Geburt meiner Kinder, was ich beruflich erreichen möchte, denn schon damals war ich eine glückliche Ärztin und habe mein Lebensglück nie allein über die Kinder definiert. Deshalb fiel es mir sicherlich leichter, meinen Karriereweg nach der Geburt der Kinder weiterzugehen.

KAREN QUEITSCH: Ja, man braucht ein wenig Egoismus und jede Menge Organisationstalent. Ich glaube auch, dass es hilft, wenn man davon überzeugt ist oder auch nur die Ahnung hat, berufstätig eine bessere Mutter sein zu können.

Welche Rolle spielt der Vater ihres Kindes bei der Erziehung? Wie teilen Sie sich die Aufgaben?

KATRIN WICHMANN: Lasses Vater lebt in einer anderen Stadt. In den Ferien sehen sich die beiden regelmäßig. Aber im Alltag bin ich allein zuständig.

MARIE-LUISE LEWICKI: Als das noch ein Thema war, hat mein verstorbener Mann schon mit angepackt und unseren Sohn beispielsweise abgeholt oder zur Schule gebracht. Aber letztendlich hing die Organisation unseres Lebens an mir. Ich habe jedoch von Anfang an Hausarbeit an bezahlte gute Geister delegiert.

DAGMAR FRITZ-KRAMER: Mein Mann ist wirklich unersetzbar. Er übernimmt 50 Prozent aller Aufgaben rund um Haus und Kind.

DR. VERONIKA RÖPER: Mein Mann leistet den Hauptteil der Erziehungsarbeit.

KAREN QUEITSCH: In der Woche kann man bei uns nicht von teilen sprechen, da mein Mann als Unfallchirurg arbeitet. Er verlässt sehr früh das Haus und kehrt sehr müde zurück. Am Wochenende beschäftigt er sich liebevoll mit den Kindern, aber der Hauptteil der Verantwortung und auch der Organisation liegt bei mir.

Was ist das Wichtigste, was eine Mutter ihrem Kind mit auf den Weg geben kann?

KATRIN WICHMANN: Das Gefühl, ein wundervoller Mensch zu sein. Respekt anderen Menschen gegenüber zu zeigen. Den Mut, sich entschuldigen zu können. Und die Sicherheit, immer ernst genommen zu werden.

MARIE-LUISE LEWICKI: Das Wissen »Ich finde dich großartig, so wie du bist.«

DAGMAR FRITZ-KRAMER: Selbstvertrauen. Das Gefühl, geliebt zu werden. Und tragfähige Wurzeln in der Familie.

DR. VERONIKA RÖPER: Ein tiefes Vertrauen in die eigenen Fähigkeiten. Und ein gutes Sozialverhalten.

KAREN QUEITSCH: Liebe, Wärme und Fröhlichkeit. Und Selbstvertrauen durch Interesse und Anerkennung.

Spielen Sie gute Fee für alle Mütter: Was wäre ihnen zu wünschen? Womit ließe sich Familie und Karriere leichter bewältigen?

KATRIN WICHMANN: Es müsste mehr Einrichtungen geben, in denen Kinder qualitativ gut betreut werden und in denen Betreuungszeiten angeboten werden, die näher an der beruflichen Realität der Mütter liegen. Als Arbeitszeit für Mütter wird im Allgemeinen nur die Zeit wochentags zwischen 9:00 und 16:00 Uhr akzeptiert. Mit mehr Flexibilität wäre es für viele Mütter einfacher.

DAGMAR FRITZ-KRAMER: Erstens: Die Gleichstellung von Frau und Mann in Erziehungsfragen ist längst überfällig. Zweitens: Mütter und Väter brauchen flexiblere Arbeitszeiten. Und drittens: Die finanzielle Förderung von Kindertagesstätten in Unternehmen und weniger Bürokratie würden ebenfalls dazu beitragen, dass die Verbindung von Beruf und Familie einfacher wird.

DR. VERONIKA RÖPER: Für die Startphase mit Baby gefällt mir das schwedische System sehr gut. Dort geben Gemeindeschwestern Müttern von Anfang an viel moralische Unterstützung und die Mütter erhalten dadurch das Feedback, mit ihren Kindern alles richtig zu machen. Wenn man sich als Mutter sicher und gut fühlt, ist es viel leichter, auch die eigenen (beruflichen) Belange im Blick zu haben. Wenn man lernt, was das Kind braucht und wie man es ihm geben kann, weiß man zudem, wie viel mütterliche Abwesenheit in Ordnung ist.

KAREN QUEITSCH: Eine Betreuungssituation für Kinder, die ein sicheres und ruhiges Gefühl hinterlässt – ohne schlechtes Gewissen! So kann man sich währenddessen auf seinen Beruf konzentrieren.

INFO

Net-Working Mum: Frauennetzwerke

Auf dem Weg die Karriereleiter hinauf können sich Frauen von dritter Seite Hilfe holen: Spezielle Frauen-Berufsnetzwerke und -verbände unterstützen und begleiten Frauen und Mütter auf ihrem Karriereweg.
So hat es sich beispielsweise der branchenübergreifende Dachverband der Business and Professional Women (BPW) zur Aufgabe gemacht, Frauen in allen Belangen der Berufstätigkeit zu unterstützen. Dazu gehört beispielsweise

- weltweit die Kooperation, Freundschaft und Verständigung von Frauen in der Wirtschaft und Politik zu fördern,
- Frauen mithilfe von Mentoring-Programmen darin zu unterstützen, ihre beruflichen Ziele zu erreichen,
- Frauen zu ermutigen, verantwortungsvolle und leitende Positionen in Wirtschaft und Politik zu übernehmen,
- die Vereinbarung von Beruf und Familie zu erleichtern,
- politische Entscheidungen zu Gunsten von Frauen und Familien zu beeinflussen.

Der BPW ist zur Zeit in 38 Städten Deutschlands und in 80 Ländern der Welt vertreten. Mehr Infos unter www.bpw-germany.de (weitere berufsübergreifende Frauennetzwerke, siehe Seite 172).

Management by MamaHappy

Eine typische Working-Mum-Falle: Die täglich anfallenden Aufgaben bewältigt man noch gut, doch der Schreibtisch wird nach einer Weile zu einem Mahnmal für Unerledigtes: Informationen, die man noch mal lesen wollte, diverse Sachen für die Ablage, Aufgaben, die man erledigen möchte, »falls man mal Zeit hat«, das alles liegt auf dem Tisch herum. Es ist ein Irrglaube, dass ein übervoller Schreibtisch Kollegen und Vorgesetzten zeigt, wie viel man zu tun hat – er deutet eher darauf hin, wie vieles man nicht im Griff hat. Deshalb: Bauen Sie Stapel ab und vermeiden Sie sie künftig!

- Nehmen Sie sich einen Tag Zeit, um der Lage Herr zu werden: Alles, was Sie »irgendwann noch einmal« lesen wollten, entweder sofort lesen oder wegwerfen. Unerledigte Dinge, die nur zwei Minuten dauern, sollten Sie sofort erledigen. Für alles andere eine To-do-Liste schreiben und die dazugehörigen Unterlagen abheften. Täglich drei Sachen von der Liste abarbeiten, bis alles erledigt ist.
- Nehmen Sie künftig jedes Blatt Papier nur einmal in die Hand. Papiere oder Informationen, die Sie erhalten, lesen und die Aufgabe entweder sofort erledigen oder auf eine To-do-Liste schreiben. Papier wegwerfen oder abheften.
- Lesen Sie interessante, allgemeine Informationen wie Fachartikel innerhalb einer Woche. (Sie können in Ihrer Ablauforganisation zum Beispiel einmal pro Woche eine Stunde Lesezeit integrieren.) Alles, was in dieser Zeit nicht gelesen wird: weg damit. Interessante Informationen kommen jeden Tag wieder zu Ihnen. Lieber die neuen lesen, als die alten horten! Hier lohnt sich Mut zur Lücke!
- Planen Sie Raum für strategisches Arbeiten ein: Wer immer nur das Alltagsgeschäft abarbeitet, hat kaum Zeit für Visionen und Projekte, die die Karriere fördern. Neben dem Alltagsgeschäft sollten Sie deshalb immer auch ein wenig Zeit für übergeordnete Arbeit lassen: wie beispielsweise ein Mal pro Woche eine Stunde reservieren, um neue Erfolg versprechende Projekte zu planen, Ihr Arbeitsfeld zu strukturieren und die eigenen Arbeitsabläufe zu verbessern.
- Priorisieren und delegieren Sie: Bestimmte Dinge muss man nicht selbst tun. Nicht jetzt, und auch nicht später. Einiges kann man auch einfach lassen. Werbemails, in denen uns jemand einen teuren Telefonbucheintrag verkaufen möchte,

oder die neue Verordnung über die Wahl von Betriebsbeauftragten? Einfach ignorieren! Und wenn Sie einen oder mehrere Mitarbeiter haben, die für bestimmte Aufgaben da sind, sollten Sie niemals zögern, ihnen diese zu übergeben, damit sie die Aufgaben ausführen können.

Gewöhnen Sie sich an, alle verbleibenden, für Sie anfallenden Aufgaben sinnvoll zu strukturieren, und arbeiten Sie sie konzentriert nach Dringlichkeit ab.

Damit das Chaos keine Chance hat, sollten Sie die letzte Stunde der Woche dazu nutzen, Ihren Arbeitsplatz montagsfit zu machen. Also: Alles aufräumen, abheften, gedanklich sortieren, was auf dem Tisch liegt; die Arbeistliste für die nächste Woche nach oben auf den Schreibtisch legen, damit sie gleich zu Beginn der neuen Woche parat ist. Wer am Montag einen so vorbereiteten Tisch vorfindet, startet mit frischer Energie in die neue Woche.

Soforthilfe für häufige Probleme

»Ich bin noch in der Probezeit, und ausgerechnet jetzt ist mein Kind ist krank. Was soll ich tun?«

Ein krankes Kind während der Probezeit ist für Mütter eine echte Herausforderung. Egal, wie verständnisvoll unser Vorgesetzter ist: Es macht nun einmal keinen guten Eindruck, wenn man bereits in den ersten Wochen eines neuen Arbeitsverhältnisses fehlt. In dieser Zeit wollen wir schließlich Bestleistung erbringen, um den neuen Arbeitgeber von unseren Qualitäten zu überzeugen. Die beste Strategie gegen solche Ausfälle: noch vor Antritt der Probezeit vorsorgen! Ob Oma, Babysitter, der Partner, der in seinem Job ja vermutlich schon sattelfest ist, oder eine gute Freundin: In der Probezeit sollten Sie auf jeden Fall jemanden haben, der im Notfall einspringen kann. Auch ein Dienstleister, der einen Leih-Oma- oder Babysitterservice anbietet, kann eine Hilfe sein (siehe Seite 96/97). Wenn sich jedoch absolut keine Lösung finden lässt oder das Kind so krank ist, dass es einfach seine Mama braucht, sollten Sie das Gespräch mit dem Vorgesetzten suchen, um die Notsituation zu erklären. Präsentieren Sie sich dabei aber nicht als Opfer (»Ich habe ja niemanden, wissen Sie.«), sondern erklären Sie ruhig, dass Sie derzeit aus einem wichtigen Grund bei Ihrem Kind sein müssen. Zeigen Sie dabei unbedingt ein lösungsorientiertes Verhalten (siehe Seite 52). Als Neuling kann man beispielsweise ein paar informative Unterlagen mitnehmen, die man zwischendurch neben dem Krankenbett des Kindes lesen kann. Wichtig zu wissen: Bei Fernbleiben vom Job während der Probezeit wegen Krankheit der Kinder verlängert sich die Dauer der Probezeit entsprechend den Fehltagen.

»Seit ich Teilzeit arbeite, habe ich das Gefühl, ich arbeite in einer vollen Stelle – nur eben in weniger Zeit. Muss ich das akzeptieren?«

Wenn Sie Teilzeit vereinbart haben, Ihr Aufgabenfeld jedoch das gleiche wie im Vollzeitjob geblieben ist, stimmt etwas nicht. Eine Teilzeit beinhaltet immer auch eine Teilung der Aufgaben der ehemals vollen Stelle. Falls das nicht passiert ist, sollten Sie unverzüglich das Gespräch mit dem Vorgesetzten suchen, um das zu ändern. Wichtig: Bereiten Sie sich vor! Am besten bringen Sie einen Lösungsvorschlag mit in das Gespräch. Sie könnten zum Beispiel vorschlagen, welche Aufgaben Sie auch weiterhin übernehmen könnten, und welche Sie aus Zeitgründen abgeben sollten.
Achten Sie auf eine konstruktive Argumentation. Die könnte beispielsweise so lauten: »Für den Erfolg unserer Abteilung ist es sehr viel effektiver, wenn die Aufgaben so strukturiert sind, dass ich sie in der mir zur Verfügung stehenden Zeit gut bewältigen kann.« So erreichen Sie, dass das Aufgabenvolumen der Arbeitszeit angepasst wird und Sie künftig alles gut schaffen können. Und Ihr Chef wird Ihr Engagement zu schätzen wissen: Sie haben schließlich aktiv dazu beigetragen, die Abläufe im Unternehmen zu optimieren.

»Statt mit den Kollegen Mittagessen zu gehen, bleibe ich lieber am Arbeitsplatz. So schaffe ich einfach mehr, und ich gehe ja schon um 15:30 Uhr. Doch meine Kollegen bedauern, dass ich beim Essen nie dabei bin. Und ich verpasse viele interessante Informationen, die den Job betreffen.«

Für Mütter, die Teilzeit arbeiten, ist die Mittagspause häufig wertvolle Arbeitszeit. Es ist einfach sehr effizient, die Ruhe über Mittag für die Erledigung wichtiger Aufgaben zu nutzen: Kein Telefon klingelt, keine Frage von Kollegen stört unsere Konzentration. Und warm essen kann man ja auch abends, mit der Familie. Dennoch hat es auch Vorteile, mit Kollegen in die Mittagspause zu gehen. Man pflegt die Kontakte innerhalb des Unternehmens und erfährt eine Reihe interessanter und wichtiger Informationen rund um den Job. Oder man kann mit einer netten Kollegin mal intensiver über einzelne Belange des eigenen Aufgabenbereichs diskutieren.

Lösung: Warum nicht einmal pro Woche mit den Kollegen gemeinsam essen? Wenn Sie für sich zum Beispiel einen festen »Mittagsdienstag« definieren, halten Sie Kontakt zu den Kollegen – und haben immer noch die anderen Tage, um in Ruhe Ihr Arbeitspensum zu erledigen.

»In unserem Unternehmen bzw. in unserer Abteilung bin ich die einzige mit Kind. Meinen Kollegen fehlt das Verständnis für meine Situation. Wie mache ich ihnen klar, dass sie auch meine Belange sehen sollen?«

Kollegen ohne Kinder können sich nur schwer vorstellen, was ein Leben mit Kind bedeutet. Ihnen fehlt häufig das Interesse, aber auch die Erfahrung, um diese Situation einschätzen zu können. Dafür sollten Sie Verständnis zeigen: Vielleicht haben Sie sich früher auch nicht besonders für anderer Leute Kinder interessiert, oder? Lange Erklärungen über die Freuden und Leiden des Mutterseins bringen daher wenig. Besser ist es, an entscheidenden Punkten deutlich zu zeigen, dass es bei Ihnen anders läuft. Meetings finden immer wieder spät am Nachmittag statt, wenn Sie eigentlich nicht mehr da sind? Sprechen Sie das an, und bitten Sie darum, dass solche Termine früher am Tag angesetzt werden. Überstunden gehören zum Alltagsgeschäft und nur Sie machen keine? Zeigen Sie an anderer Stelle Einsatz. Gerade die »Überstundler« sind morgens häufig müde, lesen erst einmal die Zeitung oder trinken in Ruhe einen Kaffee. In der Zeit können Sie schon einiges geschafft haben! So einen produktiven Morgen darf man dann gern auch einmal im Gespräch mit den anderen erwähnen: »Ich bin richtig froh, wie viel ich heute morgen schon erledigt habe. Ein gutes Gefühl! Da kann ich nachmittags richtig entspannt nach Hause gehen!«
Ohne ständig auf einem Mütterbonus zu beharren, dürfen Sie gern immer wieder selbstbewusst sagen: »Ich arbeite eben anders – und das ist gut so.«

»Mir macht das alles so viel Spaß: Job, Kind, Partnerschaft – aber manchmal bin ich am Rande meiner Kraft. Der nächste Urlaub ist noch weit entfernt. Wie tanke ich neue Energie?«

Durchwachte Nächte am Kinderbett, immer neue Herausforderungen im Job, der Partner will ebenfalls unsere Aufmerksamkeit … Auch wenn das Leben als Working Mum viel Spaß macht, ist man manchmal restlos erschöpft. Tipp: Nicht auf bessere Zeiten warten! Lieber sofort Gegenmaßnahmen ergreifen. Pünktlich Feierabend machen. Ein Nachmittagsschläfchen wirkt Wunder und tut häufig auch dem Kind gut. Bei großer Müdigkeit hilft es, einfach mal abends zeitgleich mit dem Kind ins Bett zu gehen. Oder gleich ein ganzes Familienwochenende im Bett bzw. auf dem Sofa einzuplanen. Wer gut ausgeschlafen ist, sieht danach wieder klarer! (Tipps für Sofortentspannung und kleine, erholsame Alltagsfluchten für gestresste Mütter, siehe Seite 136.)

»Egal, wie gut ich in meinem Job bin – ich werde nicht befördert. Wie erreiche ich es, dass man mir als arbeitender Mutter mehr zutraut?«

Damit andere Ihnen den Weg nach oben zutrauen, ist die wichtigste Voraussetzung, dass Sie es sich selbst zutrauen. Das heißt, Sie sollten zunächst genau wissen, was Sie erreichen möchten und in welcher Zeit (siehe Seite 56 Checkliste »Meine Karriere«). Warten Sie nicht darauf, dass schon irgendwer irgendwann erkennt, wie viel Potenzial in Ihnen schlummert! Erfolg versprechender ist es, wenn Sie in Mitarbeitergesprächen Ihrem Vorgesetzten klar mitteilen, was Sie sich zutrauen, wie Ihre Ziele aussehen und dann gemeinsam beraten, wie Sie diese erreichen können. Sollte der Chef Zweifel äußern oder darauf hinweisen, dass Sie bestimmte Ziele mit einer Teilzeitstelle nicht erreichen können, klären Sie, welche Bedingungen seiner Meinung nach erfüllt sein müssen. Welche Qualifikationen fehlen vielleicht noch, um die angestrebte Position zu erreichen? Wie viel Arbeitsstunden fehlen seiner Meinung nach? Manchmal sind es nur kleine Veränderungen, die einen großen Karriereschritt möglich machen.
Was auch immer Sie tun, bedenken Sie: Wer sich nicht beirren lässt und konsequent auf seine Ziele hinarbeitet, wird sie auch erreichen!

»Ich möchte gern mehr Geld verdienen, doch mir werden immer nur kleine Erhöhungen angeboten. Was soll ich tun?«

Große Gehaltsschritte sind in einem Teilzeitjob oft schwieriger zu realisieren. Hinzukommt: Ein großer Teil dessen, was brutto dazukommt, geht für Steuern und Sozialabgaben wieder drauf.
Warum nutzen Sie nicht den Umstand, dass Sie Kinder haben, und vereinbaren mit dem Arbeitgeber eine steuer- und sozialversicherungsfreie Erhöhung? Zuschüsse zur Kinderbetreuung dürfen beispielsweise unter bestimmten Voraussetzungen steuerfrei gewährt werden. Über die Möglichkeiten einer solchen Form der Gehaltserhöhung informiert die Personalabteilung. Vorteil: Sie erhalten auch bei kleinen Erhöhungen ein deutliches finanzielles Plus – und der Arbeitgeber muss deswegen nicht mehr zahlen!

Familien-freundliche Unternehmen

Beruf und Familie leichter vereinbar zu machen, ist nicht nur ein gesellschaftliches Ziel. Zunehmend sind auch Arbeitgeber daran interessiert, es ihren Mitarbeiterinnen und Mitarbeitern zu ermöglichen, für ihre Kinder da sein zu können und trotzdem ihre berufliche Entwicklung voranzutreiben. Studien des Bundesfamilienministeriums haben gezeigt, dass das Engagement von Unternehmen für Eltern nicht allein Müttern und Vätern nutzt. Familienfreundliche Maßnahmen binden gut ausgebildete Arbeitnehmer ans Unternehmen. So verringert sich die Fluktuationsrate und das Unternehmen spart Kosten für die Einstellung und Einarbeitung neuer Mitarbeiter. Familienfreundliche Arbeitsbedingungen verkürzen häufig die Abwesenheit von Müttern und Vätern während der Elternzeit. Das senkt den organisatorischen und finanziellen Aufwand für den Arbeitgeber. Auch für die Motivation von Mitarbeitern spielt die Familienfreundlichkeit eine große Rolle: Wer Beruf und Familie entspannt verbinden kann, ist deutlich leistungsfähiger und zufriedener.

Was bedeutet »familienfreundlich«?

Die familienfreundliche Ausrichtung eines Unternehmens erkennt man im Wesentlichen an zwei Dingen: An der Unternehmenskultur, d.h. der Einstellung der Unternehmensleitung, der Führungskräfte und der Mitarbeiter. Und an konkreten Maßnahmen, die es Müttern und Vätern einfacher machen, Beruf und Familie zu verbinden. Nur selten sind alle unten genannten Merkmale und Maßnahmen bei einem einzigen Arbeitgeber sichtbar – das hängt unter anderem auch von der Größe des Unternehmens ab. Wenn das Unternehmen nur einen Teil der folgenden Merkmale umsetzt, ist schon viel gewonnen!

Merkmale familienfreundlicher Unternehmen

☺ Kinder sind kein Ausschlusskriterium – weder beim Einstellungsgespräch noch bei Beförderungen.

- Vorgesetzte helfen ihren Mitarbeiterinnen, schon während der Schwangerschaft Pläne zu entwickeln, wie sie ihrem Beruf auch mit Kind nachgehen können.
- Mütter werden dazu ermuntert, während der Zeit des Mutterschutzes regelmäßigen Kontakt zum Unternehmen zu halten.
- Eltern wird die Möglichkeit eröffnet, berufliche Ziele und ihre Karriere langfristiger zu planen.
- Vorurteilen und Klischees über arbeitende Mütter wird von Seiten der Unternehmensführung und der leitenden Angestellten kein Raum gegeben.
- Vorgesetzte reagieren auf familiäre Erfordernisse wie Kinderkrankheit verständnisvoll und konstruktiv.
- Es wird von Seiten des Unternehmens anerkannt, dass Eltern zusätzliche Kompetenzen wie Flexibilität, Konfliktfähigkeit und Organisationsgeschick erwerben, von denen das Unternehmen profitieren kann.

Konkrete familienfreundliche Maßnahmen

- Im Unternehmen gibt es Betreuungsangebote wie beispielsweise einen Betriebskindergarten, vom Unternehmen gemietete Plätze in Betreuungseinrichtungen in der Nähe oder die Zusammenarbeit mit einem Dienstleister, der Eltern dabei unterstützt, die Betreuungsfrage zu ihrer Zufriedenheit zu klären. Dazu gehört auch eine Notfall-Betreuung im Unternehmen für den Fall, dass das Kind krank ist und Mama oder Papa wichtige berufliche Termine hat.
- Eine finanzielle Unterstützung beispielsweise in Form von Zuschüssen zur Kinderbetreuung kann ebenfalls eine zusätzliche Leistung des Arbeitgebers für berufstätige Eltern sein. Tipp: Arbeitgeberleistungen, die für die Unterkunft, Verpflegung und Betreuung von nicht schulpflichtigen Kindern gewährt werden, sind steuer- und sozialversicherungsfrei. Damit das greift, muss ein solcher Zuschuss vom Arbeitgeber zusätzlich zum Gehalt gezahlt werden!
- Das Unternehmen bietet flexible Arbeitszeitmodelle und eine variable Ablauforganisation, die es Müttern und Vätern erleichtert, ihre beruflichen Ziele und die Erfordernisse des Familienlebens miteinander zu vereinbaren. (Verschiedene Modelle stellen wir auf den Seiten 76–79 vor.)
- Das Unternehmen bietet eine Anlaufstelle im Betrieb für alle Themen rund um die Koordination von Familie und Karriere.
- Das Unternehmen bietet konkrete Anknüpfungspunkte für Mitarbeiter in Elternzeit, zum Beispiel über einen regelmäßigen Elternstammtisch, die Einladung zu Betriebsfesten oder über das firmeneigene Intranet.

Mit Brief und Siegel familienfreundlich

Es gibt inzwischen eine Reihe von Initiativen, die die Familienfreundlichkeit von Unternehmen bewerten und mit einem Gütesiegel bestätigen. Die bekannteste ist die Initiative »Beruf und Familie« der unabhängigen Hertie-Stiftung in Kooperation mit dem Bundesministerium für Familie. Die Initiative führt auf Anfrage von Unternehmen ein Audit (also eine Anhörung) zum Thema Familienfreundlichkeit durch, an dessen Ende das Gütesiegel der Stiftung stehen soll. Im Rahmen des Audits durchlaufen Unternehmen einen Qualifizierungsprozess, in dem die einzelnen Bereiche und Maßnahmen für eine familienfreundliche Ausrichtung optimiert werden. Eine Übersicht, welche Unternehmen bereits zertifiziert wurden und damit ihre Familienfreundlichkeit unter Beweis gestellt haben, findet sich auf der Internetseite der Stiftung Beruf und Familie (siehe Seite 172, »Internetadressen, die weiterhelfen«).

3

Flexibler arbeiten – diese Möglichkeiten gibt es

Es ist eine Tatsache, die Eltern und Arbeitgeber gleichsam akzeptieren müssen: Das Leben mit Kindern wird unberechenbarer, Ereignisse wie plötzlich auftretende Kinderkrankheiten, ein schwieriger Start in den Tag mit Tränen an der Kindergartentür oder ein unvorhergesehener Ausfall der Nachmittagsbetreuung bringen es mit sich, dass Eltern manchmal einfach flexibler reagieren müssen. Darüber hinaus gibt es Phasen im Leben der Kinder, in denen wir für die Kleinen mehr als sonst da sein möchten: Bei der Eigewöhnung in den Kindergarten oder zum Schulbeginn. Oder weil das Kind gerade eine schwierige Entwicklungsphase durchläuft.
Schön, wenn der Arbeitgeber für solche Ereignisse mehr Flexibilität ermöglicht. Auf den Seiten 76–79 werden zeitliche und organisatorische Modelle vorgestellt, die das Leben für berufstätige Mütter leichter machen.

INTERVIEW

Dr. Martina Niemann ist Leiterin Personalsteuerung und Konzernarbeitsmarkt bei der Deutschen Bahn.

Gibt es Mütter, die bei der Deutschen Bahn Karriere machen?

Ja, sehr viele sogar. Ich selbst gehöre übrigens auch dazu.

Warum ist das bei der Deutschen Bahn so einfach, während in anderen Großkonzernen (beispielsweise in der Autoindustrie) Frauen und besonders Mütter immer noch an die gläserne Decke stoßen?

Das hat mit unseren modernen Strukturen zu tun. 1994 wurde der gesamte Konzern umstrukturiert und verwandelte sich von einem staatlichen Betrieb in ein modernes Unternehmen. Dieser Wandel hat den Frauen und Müttern viele Chancen ermöglicht. Unsere Personalvorstände haben seither Frauen und Mütter besonders gefördert und dafür gesorgt, dass es ihnen leicht gemacht wird, Karriere und Familie zu verbinden.

Wie darf man sich das konkret vorstellen? Was tun sie für ihre Mitarbeiterinnen, die Mütter sind?

Zunächst einmal ermutigen wir alle unsere werdenden Mütter, sich dafür zu entscheiden, auch mit Kind weiterarbeiten zu wollen. Die Vereinbarungen diesbezüglich können dann sehr individuell ausfallen. Aber grundsätzlich möchten wir sie überzeugen, an ihrer beruflichen Laufbahn festzuhalten. Die entsprechenden Modelle, um eine Vereinbarkeit möglich zu machen, planen wir dann gemeinsam.

Was empfehlen Sie unseren Leserinnen? Wie schafft man es als Mutter, beruflich den Anschluss zu behalten?

Das wichtigste ist eine frühe Planung. Auch wenn sich nach der Geburt des Kindes noch manches ändern kann: Je früher man ein Modell im Kopf hat, wie man nach der Entbindung weitermachen möchte und wann, desto besser. Aus diesem Grund gibt es seit letztem Jahr bei uns eine freiwillige Betriebsvereinbarung über ein Planungsgespräch mit der werdenden Mutter.

Mütter arbeiten in aller Regel Teilzeit, meist 25 bis 30 Stunden. Kann man auch mit dieser begrenzten Stundenzahl Karriere machen?

Man kann. Aber einschränkend muss man sagen: nicht in allen Bereichen des Unternehmens. Wir haben einige Mütter hier, die auch mit einer 30-Stunden Woche beachtliche Karrieren hingelegt haben. Aber in Bereichen, in denen man für Mitarbeiter durchgehend ansprechbar sein muss und komplexe Führungsaufgaben wahrzunehmen hat, reichen 30 Stunden einfach nicht aus. Da sind 45 bis 50 Stunden realistischer.

Ist es aus ihrer Sicht denn dann sinnvoll, Teilzeit zu arbeiten?

In vielen Unternehmen beobachte ich folgende Realität: Mütter arbeiten offiziell 30 Stunden – und inoffiziell machen sie dauernd Überstunden, weil es sehr schwer ist, sich abzugrenzen, wenn alle anderen erst um 17:00 Uhr gehen. Sie werden schlechter bezahlt als ihre Vollzeitkolleginnen, kämpfen sehr hart um ihre Karrieren. Ich rate Müttern dazu, lieber Vollzeit zu arbeiten, die Stelle gut auszufüllen, und dann sehr pünktlich und abgegrenzt nach Hause zu ihren Kindern zu gehen. Mit dieser Strategie verdienen Frauen besser, sie können ihre Karrieren besser vorantreiben. Und ich halte es für eine lohnende Investition, den Mehrverdienst der Vollzeitstelle für ein paar Jahre in eine gute Kinderbetreuung zu investieren. So kann man in Ruhe beruflich vorankommen, und die Kinder sind gut versorgt.

Wie kann man sich bei einer Vollzeitstelle denn abgrenzen? Arbeitet man dann nicht statt der 40 plötzlich 50 Stunden?

Das muss nicht so sein, und das sollte auch nicht so sein. Wenn eine Mutter die Selbstdisziplin hat, sich so gut zu organisieren, dass sie viel schafft in ihrer Anwesenheit, kann sie guten Gewissens ganz pünktlich gehen. Aber glauben sie mir: Die meisten Mütter können das sehr gut. Die Kaffeepausen, das Schwätzchen auf dem Flur: Diese Dinge lassen sie dann eben ausfallen. Erfolgreiche Mütter sind meist extrem effizient.

Sie selbst haben zwei Kinder. Wie organisieren Sie das Familienleben?

Mein Mann und ich versuchen, pünktlich Feierabend zu machen, damit wir noch Zeit mit den Kindern verbringen können. Das klappt auch meistens. Wir sind ein eingespieltes Team, und abwechselnd schaffen wir es eigentlich immer, nachmittags für die Kinder da zu sein. Und: Wir haben eine Kinderfrau. Als Kind hatte ich eine wundervolle Tante, die war eine sehr erfolgreiche Ärztin und hatte immer eine Kinderfrau für ihre Kleinen. Diese Frau war mein Vorbild. Heute leben wir das gleiche Modell – und meine Kinder finden das ebenso toll, wie ich das damals bei meinen Cousinen fand.

Zeitliche Flexibilität

→ Gleitzeit

Gleitende Anfangs- und Schlusszeiten sind für Eltern ein Segen. Der Tag fängt viel besser an, wenn man nicht unter dem Druck steht, Punkt neun am Schreibtisch sitzen bzw. am Arbeitsplatz sein zu müssen. Und es ist sehr angenehm, wenn man leicht ein paar Plus-Stunden anhäufen kann, um im Bedarfsfall ohne große Abstimmung mit dem Vorgesetzten etwas früher gehen zu können. Voraussetzung für die Zeiterfassung ist die Einrichtung

KURZ-INTERVIEW

»Woran erkenne ich ein familienfreundliches Unternehmen, Herr Becker?«

Stefan Becker ist Geschäftsführer der Initiative Beruf und Familie. Hier sagt er Mama-Happy-Leserinnen, was die Familienfreundlichkeit eines Unternehmens ausmacht. »Familienfreundliche Unternehmen machen das Thema Vereinbarkeit von Familie und Karriere sichtbar: zum Beispiel in Presseartikeln, im Unternehmensleitfaden, auf der Internetseite ... Sie bieten nicht nur ausgewählte Standardlösungen, wie einen Betriebskindergarten, sondern haben immer ein Gesamtkonzept, aus dem passende, bedarfsorientierte Elemente ausgewählt werden können, wie beispielsweise individualisierte Arbeitszeiten. Ob ein Unternehmen ein solches Gesamtkonzept hat und wie es zu berufstätigen Müttern (und Vätern) eingestellt ist, findet man meist schon im ersten Bewerbungsgespräch heraus. Anderenfalls kann man das Thema auch gezielt ansprechen: Man kann in der Personalabteilung nachfragen, wie mit dem Thema Kinder und Karriere umgegangen wird. Ein weiterer Hinweis auf Familienfreundlichkeit ist, dass das Unternehmen sich im ständigen (institutionalisierten) Dialog mit den Mitarbeitern befindet, um das Angebot für Eltern regelmäßig dem Bedarf anzupassen. Das kann durch Mitarbeitergespräche oder Betriebsvereinbarungen passieren. Am deutlichsten wird echte Familienfreundlichkeit jedoch im Alltag, in konkreten Situationen – wenn beispielsweise das Kind einer Mitarbeiterin krank ist und der Vorgesetzte sich verständnisvoll und kooperativ zeigt.«

von Gleitzeitkonten und -uhren im Unternehmen, mit deren Hilfe die Anwesenheit am Arbeitsplatz gemessen wird.

In kleineren Unternehmen kann die Gleitzeit auch auf Vertrauensbasis vereinbart werden. Bei einer Gleitzeitregelung gibt es häufig feste Kernarbeitszeiten, in denen Anwesenheitspflicht besteht – so lassen sich Abläufe trotz erhöhter Flexibilität sicher planen (Besprechungen, telefonische Erreichbarkeit).

→ Flexible Pausenregelung

Kann man die Pausen wie Frühstücks- oder Mittagspause flexibel einteilen, so lässt sich beispielsweise ein wichtiger Arzttermin mit den Kindern durchaus auch tagsüber erledigen.

→ Vertrauensarbeitszeit

Dies ist ein ergebnisorientiertes Modell der Arbeitsorganisation, bei dem die Erledigung vereinbarter Aufgaben im Vordergrund steht, nicht die zeitliche Präsenz am Arbeitsplatz. Das bedeutet: Es wird mit dem Arbeitgeber eine Leistung vereinbart, die erbracht werden muss. Wann das erledigt wird, ist weitgehend einem selbst überlassen. Diese Form der Flexibilität kommt Müttern grundsätzlich sehr entgegen. Sie hat allerdings ihre Grenzen: In vielen Unternehmen und Organisationen arbeitet man nicht allein vor sich hin, sondern hat Besprechungen, Termine …, und die finden nun mal nicht abends statt, wenn das Kind schläft, sondern tagsüber. Und Vorsicht: Es muss gemeinsam mit dem Arbeitgeber sehr klar definiert werden, was »ergebnis-orientiert« heißt. Sonst wird unter Umständen viel mehr an Stunden gearbeitet als geplant, weil dieses oder jenes Projekt plötzlich unvermutet auch noch zu den Aufgaben zählt.

→ Flexible Arbeitstage

Wer nur einige Tage in der Woche arbeitet, für den macht es gegebenenfalls Sinn, die Tage flexibel legen zu können – also zum Beispiel mal einen Montag gegen einen Mittwoch tauschen zu dürfen. Hier empfiehlt es sich jedoch, generell feste Tage zu haben und nur im Bedarfsfalle die Tage zu flexibilisieren (z.B. für einen Elterntermin im Kindergarten). Sonst weiß keiner der Kollegen, wer wann im Haus ist, und Termine, Meetings und die telefonische Erreichbarkeit lassen sich nur schlecht planen. Der Nachteil der flexiblen Tage: Hier wird automatisch erwartet, eigene Krankheitstage oder Krankheitstage des Kindes mithilfe der flexiblen Tage auszugleichen. Normalerweise würde jedoch eine Krankschreibung erfolgen und die Krankenkasse gleicht die Leistung aus. Bei einem Modell mit flexiblen Tagen bedarf es deshalb einer genauen Absprache mit dem Arbeitgeber, wie im Krankheitsfall verfahren werden soll.

→ Lebensarbeitszeitkonten

Das Modell des Lebensarbeitszeitkontos bieten vor allem große Unternehmen, die Arbeitgeber über längere Zeiträume (teilweise das ganze Arbeitsleben über) beschäftigen. Hier lässt sich auf einem Zeitwertkonto die Arbeitszeit und die damit verbundene Leistung (Gehalt und Anspruch auf Sozialversicherungsleistungen) ansammeln. Die angesammelte Arbeitszeit kann nach Bedarf für längere Freistellungsphasen genutzt werden. Dieses Modell kann für Mütter sehr interessant sein: Bei Bedarf oder auf Wunsch können so auch mal längere Phasen mit dem Kind verbracht werden, wie beispielsweise für die erste Zeit in der Schule. Das Gehalt wird dann ausbezahlt, wenn die angesammelte Lebensarbeitszeit verbraucht wird. Für die tägliche Arbeitsorganisation bringt das Lebensarbeitszeitkonto allerdings keine Vorteile.

Organisatorische Flexibilität

→ Telearbeit

Telearbeit bedeutet, dass Sie von zu Hause oder einem anderen beliebigen Platz aus der Ferne für das Unternehmen arbeiten können. Dafür erhält man normalerweise über eine Internetverbindung einen Zugriff auf Netzwerk, Server und Datenbanken des Unternehmens.
Die Telearbeit ist nur selten ein ausschließlicher Vertrag, sondern ist meist ein Bestandteil des Arbeitsvertrags. Das kann so formuliert sein, dass monatlich eine bestimmte Stundenzahl fest am Arbeitsplatz verbracht werden muss, darüber hinaus aber ein Teil der Arbeit von zu Hause aus erledigt werden kann (beispielsweise Konzepte erstellen, Tabellen pflegen, Mails schreiben). Ist im Kinderkrankheitsfall einmal spontane Flexibilität gefordert, ist die Telearbeit eine für alle Seiten nützliche und hilfreiche Einrichtung. Sie ermöglicht es, arbeitsmäßig den Anschluss zu halten, indem zum Beispiel Mails pünktlich beantwortet werden können.

→ Organisation in Projektteams

Teams, in denen Verantwortlichkeiten und Zeiten auf die Kapazitäten aller angepasst werden, sind ebenfalls eine sinnvolle Einrichtung. Es gibt innerhalb des Teams immer Kollegen, die Vollzeit arbeiten und so auch nach 16:00 Uhr ansprechbar sind. Darüber hinaus kann man innerhalb des Teams klären, welche Aufgaben eventuell zeitlich flexibler sind und so vorzugsweise an arbeitende Eltern übergeben werden sollten. Wichtig: Wer in Projektteams

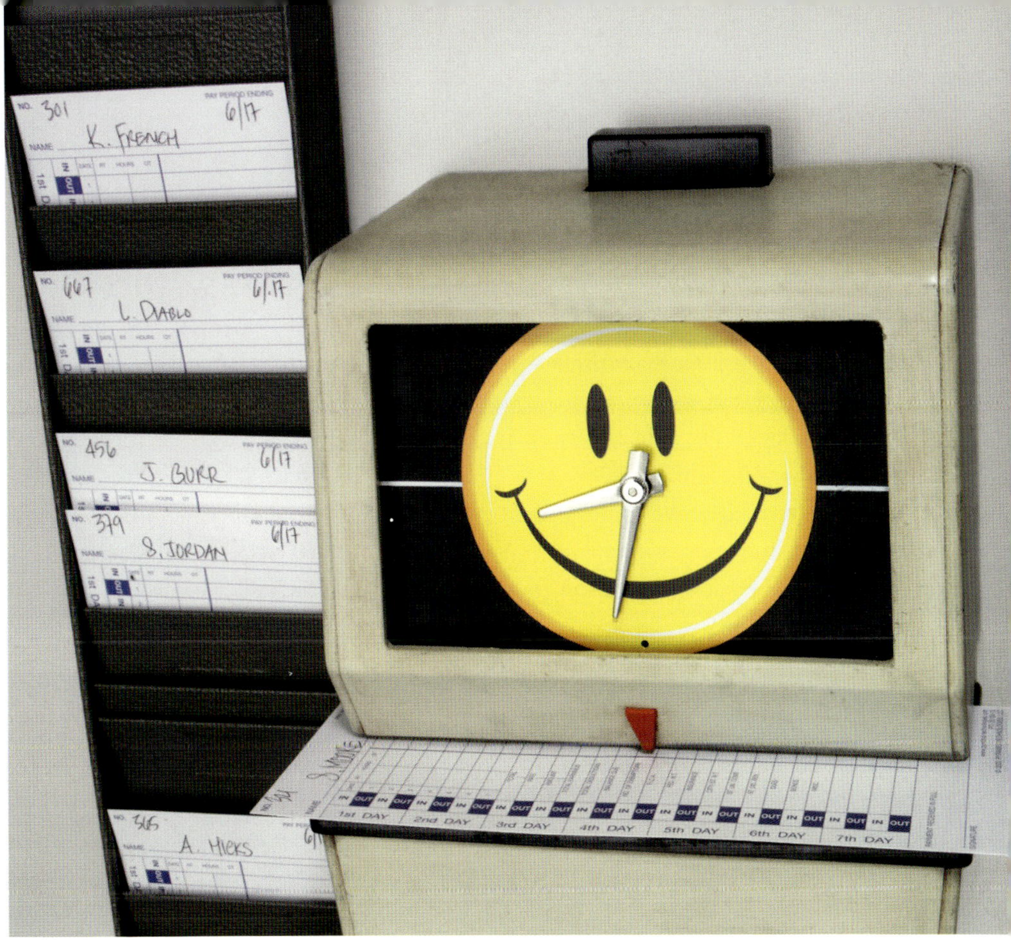

arbeitet, muss sehr zuverlässig sein und seine Aufgaben zu aller Zufriedenheit ausführen. Keinesfalls sollten Eltern den Vollzeitarbeitern oder Nicht-Eltern das Gefühl geben, dass sie Aufgaben übernehmen müssen, die eigentlich ihre sein sollten. Falls dies dennoch einmal vorkommt, weil Unvorhergesehenes entritt, sollte das kurzfristig wieder ausgeglichen werden.

→ Eltern-Kind-Zimmer

Für den Notfall gibt es in einigen Unternehmen sogenannte Eltern-Kind-Arbeitszimmer. Kinder spielen oder schlafen dort häufig ganz ruhig, wenn ihre Eltern in der Nähe sind. Auf diese Weise kann Mama oder Papa gern am Computer sitzen und konzentriert arbeiten – Hauptsache, ein Elternteil ist in der Nähe.

Die Einrichtung eines Eltern-Kind-Arbeitszimmers für kurzfristigen Betreuungsbedarf ist in einem Unternehmen eine gute Sache, wenn Au-pair oder Tagesmutter mal krank ist oder sich ein Notfall auftut, bei dem sonst die Arbeit abgesagt werden müsste.

bellybutton – ein familienfreundliches Unternehmen

Auf die Frage, ob ein Unternehmen erfolgreich sein kann, obwohl die Hälfte der Mitarbeiter um 16:00 Uhr nach Hause zu den Kindern geht, gibt Astrid mit bellybutton eine deutliche Antwort: Ja, es kann! Seit seiner Gründung ist bellybutton beständig gewachsen, in manchen Jahren gab es Umsatz-Zuwachsraten um 40 Prozent. Heute setzt das Unternehmen rund 7 Millionen Euro im Jahr um. Die Angebotspalette beinhaltet alles, was das Leben von Schwangeren, Müttern und Kindern schöner macht. Ein Konzept, das begeistert, und dem sich naturgemäß vor allem Mütter sehr verbunden fühlen.

Teilzeitarbeit bietet Vorteile für alle Seiten

Als Arbeitgeber profitieren wir daher besonders von der Erfahrung, die Mütter mit in unser Unternehmen bringen: Sie verstehen die Lebenssituation der Kundinnen, die Produkte – und sie stehen voll hinter unserer Philosophie, dass die Zeit von Schwangerschaft und Mutterschaft eine wunderschöne Zeit ist, die man genießen und zelebrieren sollte.
Doch die Nähe zu Produkten und zur Zielgruppe ist beileibe nicht der einzige Grund, warum wir so gern mit Müttern zusammenarbeiten. Wir sind schließlich Unternehmerinnen! Betriebswirtschaftliche Grundsätze gelten bei bellybutton genauso wie anderswo. Und gerade deshalb war es für uns eine gute Strategie, Mütter einzustellen. In der Phase, als bellybutton sich im Aufbau befand, haben wir die Chance genutzt, gut ausgebildete Kräfte in Teilzeit zu beschäftigen. Wir konnten aus Kostengründen für viele Positionen keine volle Stelle besetzen. Die Teilzeit war für beide Seiten ein echter Gewinn: Wir haben von dem Know-how der Mitarbeiterinnen profitiert, die Mütter davon, dass wir ihnen qualifizierte Posten in Teilzeit anbieten konnten.
Einschränkend muss ich jedoch sagen, dass auch unser Unternehmen nicht ohne einen Kern von Vollzeitmitarbeiterinnen auskommt. Wenn eine Händlerin um 17:00 Uhr anruft, und es geht niemand mehr ans Telefon, dann hätte die Kundin dafür vermutlich sehr wenig Verständnis. Daher versuchen wir, die Arbeitsorganisation so zu steuern, dass Mütter die Posten besetzen, bei denen es auf eine Vollzeitverfügbarkeit nicht so sehr ankommt. Oder wir sorgen dafür, dass sie nachmittags von anderen Mitarbeiterinnen vertreten werden.

Mütter sind Organisationstalente

Als Arbeitgeberin kann ich bestätigen: Mütter sind häufig bestens organisiert. Sie nutzen die Zeit am Arbeitsplatz sehr effektiv. Das gilt für mich übrigens genauso: Ich möchte als Geschäftsführerin erfolgreich sein und habe dafür weniger Zeit zur Verfügung als eine vergleichbare Führungskraft ohne Kinder. Da komme ich um eine perfekte Organisation nicht herum. Wir Mütter kommen morgens in das Unternehmen, und spätestens fünf Minuten nach der Ankunft sind alle in ihre Arbeit vertieft.

Der Erfolgsschüssel

Wir haben bei bellybutton eine Kultur geschaffen, in der wir sehr konzentriert in kurzer Zeit eine hohe Leistung bringen können. Das gibt uns allen die Freiheit, guten Gewissens am Nachmittag bei unseren Kindern zu sein, und die Zufriedenheit, auch in Teilzeit einen guten Job zu machen. Selbstverständlich ist es trotz aller Effizienz aber auch sehr wichtig, dass wir uns untereinander austauschen. Wir essen mittags häufig gemeinsam, diskutieren über Fragen, die das Unternehmen betreffen, aber reden auch einfach mal über die Kinder und Themen wie Erziehung, Ernährung oder Schulfragen. Insgesamt haben wir bei aller Professionalität einen sehr warmen und herzlichen Umgang miteinander. Unsere Mitarbeiterinnen fühlen sich wohl, und das ist uns als Arbeitgeber auch sehr wichtig. Ich bin sicher, dass die gute Stimmung in unserem Unternehmen einen großen Teil dazu beiträgt, dass bellybutton so erfolgreich ist.

> *bellybutton zeigt: Wenn Mütter Berufsleben und Kinderalltag in einer gesunden Balance wissen, fällt es ihnen leicht, im Beruf Spitzenleistungen zu erbringen.*
>
> [ASTRID SCHULTE]

Die (Arbeits-) Welt verändern

Kann man den eigenen Arbeitgeber beeinflussen und so dazu beitragen, dass das Unternehmen mehr Rücksicht auf die Belange von arbeitenden Müttern und Vätern nimmt? Ja, man kann! Es ist allemal den Versuch wert, als arbeitende Mutter gemeinsam mit dem Arbeitgeber einen Schritt in Richtung mehr Verständnis für Familien zu wagen. Wichtig dabei ist jedoch, sachlich, konstruktiv und freundlich zu bleiben. Forderungen stellen ist in Ordnung – aber sie sollten schon sachlich begründet werden.
Drohungen oder emotionale Ausbrüche sind weniger hilfreich dabei, etwas verändern zu wollen, sie führen im Zweifel nur dazu, dass die eigene Stellung im Unternehmen gefährdet wird. Konstruktives Verhalten trifft erfahrungsgemäß auf sehr viel Hilfsbereitschaft!

Fünf Schritte zu mehr Chancen für Mütter

1 Den Status quo ermitteln

Welche familienorientierten Maßnahmen werden im Unternehmen bereits angeboten? Gibt es Ansätze für mehr Familienfreundlichkeit? Genaue Informationen dazu gibt die Personalabteilung.
Falls noch nichts in dieser Richtung getan wird: Woran könnte es liegen? Gab es bisher keine Relevanz – beispielsweise, weil fast nur Männer oder kinderlose Frauen in dem Unternehmen arbeiten? Oder gibt es schlichtweg einzelne, einflussreiche Blockierer? Diese könnten in einem persönlichen Gespräch nach ihren Gründen befragt werden.

2 Argumente sammeln

Um etwas zu verändern, muss der Gesprächspartner überzeugt und begeistert werden. Das gelingt mit starken Argumenten, zum Beispiel indem man aufzeigt, dass in familienfreundlichen Unternehmen die Fluktuation sinkt und die Mitarbeiterzufriedenheit steigt. Hilfreich ist es auch, mit Beispielen aus der Praxis zu argumentieren, die aus anderen Abteilungen oder anderen Unternehmen vorliegen. Wer so vorbereitet in ein wichtiges Gespräch zum Thema geht, wird viel leichter überzeugen können. Hinweise, in welchen Unternehmen die Familienfreundlichkeit bereits praktiziert wird und welche Vorteile sich daraus ergeben, findet man auf der Internetseite der Initiative Beruf und Familie (siehe Seite 172).

3 Ideen einbringen

Es sollte gezielt vorgeschlagen werden, wie das Angebot für arbeitende Mütter und auch Väter ausgebaut werden könnte (Beispiele zu flexiblen Arbeitszeitmodellen finden Sie auf den Seiten 76–79, mehr zu Hilfen bei der Kinderbetreuung siehe Seite 96/97). Dem Arbeitgeber vor allem die Vorteile einer solchen Regelung aufzeigen. (»Mit einem Telearbeitsplatz kann ich im Krankheitsfall meines Kindes von zu Hause aus arbeiten und senke so die Verluste für das Unternehmen.«) Hier müssen alle guten Argumente in die Waagschale geworfen werden!

4 Verbündete suchen

Gibt es vielleicht noch andere Eltern in Ihrem Unternehmen, denen es auch sehr entgegenkommen würde, etwas mehr Flexibilität bezüglich der Arbeitszeitgestaltung vonseiten des Arbeitgebers zu erhalten? Eine Interessengemeinschaft ist häufig viel effizienter und erfolgreicher als ein Einzelkämpfer – und gemeinsam betreibt sich die Lobbyarbeit in Sachen Familienfreundlichkeit außerdem sehr viel leichter.

5 Promotoren finden

Welcher Vorgesetzte könnte das Anliegen »mehr Familienfreundlichkeit« in Ihrem Unternehmen befördern? Häufig sind Chefs, die selbst Kinder haben und familienorientiert leben möchten, sehr verständnisvoll und bereit dieses Thema aktiv zu unterstützen.

TIPP

Was kann man noch tun?

→ Neben Gesprächen mit den Vorgesetzten und der Unternehmensleitung über die Einführung familienfreundlicher Maßnahmen, gibt es natürlich auch die Möglichkeit, sich selbst zu helfen. Zum Beispiel kann man eine Elterninitiative gründen: sich also mit mehreren Eltern zusammenschließen, geeignete Räumlichkeiten suchen und eine professionelle Kinderbetreuung organisieren, um beispielsweise die Nachmittagsbetreuung zu regeln.

INTERVIEW

Prof. Dr. Björn Bloching ist Partner bei Roland Berger Strategy Consultants und Aufsichtsratsvorsitzender der Initiative »Beruf und Familie« der gemeinnützigen Hertie-Stiftung.

Die Inititative »Beruf und Familie« unterstützt Unternehmen mit konkreten Maßnahmen auf dem Weg zu mehr Familienfreundlichkeit. Was hat Sie persönlich dazu gebracht, sich intensiv mit diesem Thema zu beschäftigen?

Ich erlebe in meinem beruflichen und privaten Umfeld täglich die Notwendigkeit, dass wir eine Arbeitswelt brauchen, die das Thema Kinder und Familienleben stärker berücksichtigt. Roland Berger Strategy Consultants ist die erste Unternehmensberatung Deutschlands, die von der Initiative »Beruf und Familie« ausgezeichnet wurde. Auch in unserem Unternehmen spielt dieses Thema eine wichtige Rolle.

Sind Sie selbst auch Vater?

Ich plane noch, das allerdings sehr konkret. Meine Freundin und ich sind beide beruflich sehr stark eingespannt. Würden wir in diese Situation hinein Eltern werden, hätten wir ein echtes Problem. Daher überlegen wir jetzt schon, wie eine Elternschaft aussehen könnte, und wie wir beide partnerschaftlich an der Erziehung beteiligt sein können.

Wie sieht Ihrer Meinung nach die heutige Realität in Deutschlands Unternehmen in Bezug auf Vereinbarkeit von Familie und Karriere aus?

Teilweise gut, teilweise stark verbesserungswürdig. Es gibt gute Ansätze und Initiativen, das Audit »Beruf und Familie« gehört dazu. Für deutsche Vorstände wird das Thema Familienfreundlichkeit zu einem wichtigen Faktor in der Unternehmenspolitik. In der Realität jedoch folgen daraus derzeit noch zu wenig konkrete Handlungsanweisungen an die Führungsebenen. Insbesondere in den mittleren Managementbereichen erleben wir zu häufig noch die alte »Testosteronkultur«, die Frau und

Kinder lediglich als nützliche und dekorative Anhängsel eines erfolgreichen Mannes sieht. Und das, obwohl diese Manager in der überwiegenden Mehrzahl selbst Väter sind.

Welche Veränderungen würden aus Ihrer Sicht hier einen Durchbruch bringen können?

Zum einen: Wir brauchen mehr Frauen in Führungspositionen. In Unternehmen, in denen weibliche Mitarbeiter ganz selbstverständlich an den Entscheidungsprozessen beteiligt sind, ist eine deutlich größere Offenheit dem Thema Familie gegenüber zu spüren. Unternehmen sollten leitende Funktionen häufiger mit weiblichen Angestellten besetzen. Dazu gehört aber auch, dass Frauen ihre beruflichen Ambitionen mit der Geburt eines Kindes nicht komplett zurückfahren, sondern dass sie sich dafür entscheiden, auch mit Kind im Job weiterkommen zu wollen. Zum anderen: Männer sollten verstärkt Raum für das Thema Kinder und Beruf schaffen. Überall in deutschen Führungsetagen gibt es Männer mit Familie, die so gut und fähig sind, dass sie es sich ohne Weiteres erlauben könnten, Forderungen in Sachen Familienorganisation zu stellen. Wenn männliche Führungskräfte ihre Vaterrolle aktiv leben, dann entwickelt sich daraus eine Strahlkraft für die gesamte Unternehmenskultur.

Was können Arbeitnehmer tun, um ihre Arbeitgeber für ein familienfreundliches Modell zu begeistern?

Man sollte konstruktive Vorschläge machen und Möglichkeiten aufzeigen, wie man für das Unternehmen auch mit Familie produktiv sein kann. Dazu gehört auch eine realistische Einschätzung der eigenen Leistung und des eigenen Werts für das Unternehmen. Je konkreter eine werdende Mutter oder ein werdender Vater sagen kann, wie sie oder er nach der Geburt des Kindes arbeiten möchte, wie viel Flexibilität nötig sein wird, wie die künftigen Arbeitszeitvorstellungen aussehen, umso besser.

In vielen Jobs geht man davon aus, dass sie nur mit einer Vollzeitpräsenz erfüllbar sind. Wie sehen Sie das?

Ich persönlich bin davon überzeugt, dass sich nahezu jeder Job in Deutschland teilen lässt. Und dass das für die Unternehmen sogar von Vorteil sein kann: Der Output pro geleisteter Stunde ist bei Teilzeitarbeit oft deutlich höher.

Wie steht es mit Ihnen selbst: Könnten Sie Ihre Aufgaben als Partner bei Roland Berger allen Ernstes auch in einer Teilzeitstelle bewältigen?

Aber klar doch. Das ist alles nur eine Frage der Organisation.

4 Familien-management

→ Aus gutem Grund spricht die Werbung vom Familienmanager, wo früher von Hausfrauen die Rede war: Eine Familie samt Haushalt zu organisieren ist eine anspruchsvolle Aufgabe – vor allem, wenn man dazu noch einen Job hat! Lesen Sie hier, wie die Familienorganisation von der Kinderbetreuung bis zum erfolgreichen Termin- und Energiemanagement klappt.

Kinder: Gut betreut ist halb gewonnen

4

Wenn Sie wieder arbeiten möchten, wird die Organisation einer guten und zuverlässigen Kinderbetreuung in aller Regel zur wichtigsten Alltagsbasis für die gesamte Familie. Es ist daher eine lohnende Investition in Ihre berufliche Zukunft, das Thema Betreuung schon vor dem Wiedereinstieg in den Beruf zu Ihrer Zufriedenheit zu lösen. Wissen Sie Ihr Kind in guten Händen, können Sie gelassen Ihrer Arbeit nachgehen, ohne sich ständig fragen zu müssen: »Geht es meinem Kind auch gut?«

Mütter werden hierzulande immer wieder von Presseveröffentlichungen beunruhigt, die verkünden, frühe Fremdbetreuung würde sich negativ auf die Entwicklung der Kleinsten auswirken. Hier muss man aber gründlich differenzieren! Es gibt weltweit keine Studie, die zuverlässig belegt, dass frühe Fremdbetreuung ernsthaft schädlich ist. So bestätigt zum Beispiel auch die Vorsitzende der Deutschen Psychoanalytischen Vereinigung, Gertraud Schlesinger-Kipp, in einem Interview mit »Welt-Online«: »Ein familiär sicher gebundenes Kind verkraftet den Übergang in die außerfamiliäre Betreuung gut.«

Und genau das zeigt auch unsere Erfahrung: Hat man es geschafft, zum Kind eine tiefe, vertrauensvolle Bindung aufzubauen und nimmt man sich ausreichend Zeit für die Eingewöhnung, dann ist die Betreuung durch Dritte für Kinder meist gar kein Problem. Und überhaupt: »Fremdbetreu-

ung«. Wer redet denn von Fremdbetreuung? Niemand drückt doch sein Kind der nächstbesten wildfremden Person in die Hand, um von da an nur noch dem Geld nachzujagen.
Wir MamaHappys möchten das Wort »Fremdbetreuung« deshalb bitte mit sofortiger Wirkung in das viel schönere Wort »*Vertrautbetreuung*« umbenennen! Das steht für Wärme, Geborgenheit, Zugewandtheit und dafur, dass wir demjenigen vertrauen, der unser Liebstes umsorgt – denn genau das ist es, was wir für unser Kind möchten. Und auch finden können, selbst wenn es manchmal einige Mühe kostet.

Betreuung durch Dritte – eine Ergänzung zur Erziehung

Eine Betreuung durch Dritte bietet dem Kind zudem auch Vorteile: Andere Menschen haben andere Erfahrungen, andere Hintergründe, andere Ideen. Eine liebevolle Tagesmutter kennt vielleicht mehr Abzählreime und Singspiele als wir, und ein engagierter Erzieher tobt möglicherweise viel lieber mit Kind und Fußball durch den Park als wir selbst, baut Baumhäuser und Kletterwände und hat dazu noch die tollsten Spielideen. So gesehen ist eine gute und liebevolle Kinderbetreuung nicht nur ein Ersatz, sondern vielmehr die ideale Ergänzung zu Mama und Papa!
Wenn also mal wieder ein wohlmeinender Mensch Ihr Kind mit einem Blick anschaut, der sagt, »Ach du armes Rabenmutterküken, jetzt wirst du aus dem Nest gestoßen,«, nachdem Sie erwähnt haben, »Ich arbeite bald wieder«, lassen Sie ihm sein Weltbild und sparen Sie sich die Energie für eine Verteidigungsrede. Sie wissen, was für Sie und Ihr Kind richtig ist – und das allein zählt.
Und wenn sich während der Suche nach einer Betreuungslösung zeigt, dass es tatsächlich noch zu früh ist für eine Trennung von Mutter und Kind? Dann ist das ebenfalls kein Grund, sich verrückt zu machen – warten Sie nach Möglichkeit noch ein wenig, bis der für Sie und Ihre Familie passende Zeitpunkt gekommen ist.

Die Betreuungsfrage gemeinsam klären

In der überwiegenden Mehrzahl sind es heute die Mütter, die sich mit der Betreuungsfrage beschäftigen. Entweder, weil die Väter schon kurz nach der Geburt wieder in den Beruf zurückkehren und die Mütter mehr Zeit haben, sich nach geeigneten Lösungen umzuschauen, oder weil sie vielleicht sowieso alleinerziehend sind und der Vater des Kindes nicht so sehr am Alltagsgeschehen beteiligt ist. Doch die Kinderbetreuung sollte dennoch nicht nur ein Mütterthema sein, sondern ein Elternthema, das gemeinsam besprochen und entschieden wird. Beide Eltern sollten sich mit der Betreuungssituation auseinandersetzen und sich einig sein, wer das Kind betreut und in welchem Umfang eine Betreuung in Anspruch genommen werden soll.

CHECKLISTE

Klären Sie vor der Betreuung

- Welche **Art der Betreuung** wäre für Ihr Kind ideal? Ist es noch sehr klein, ist es vielleicht eher schüchtern und introvertiert? Dann ist eine Einzelbetreuung oder eine kleine Gruppe vielleicht besser geeignet. Ist Ihr Kind schon älter, ist es sehr lebhaft, braucht es viel Anregung? Dann kommt es bestimmt auch in einer größeren Gruppe gut zurecht.
- Wo sollte Ihr Kind betreut werden? Bevorzugen Sie eine **Betreuung zu Hause** oder finden Sie **eine Institution** sympathischer?
- Wie sind Ihre **Arbeitszeiten**? Wenn Sie keinen geregelten sechs-Stunden-Tag haben, kommen Krippe und Kita vielleicht gar nicht in Frage, da hier häufig nur die Kernzeiten von 8:00 bis 16:00 Uhr abgedeckt werden.
- Welche **Auszeiten** brauchen Sie darüber hinaus? Viele Eltern planen nur die berufliche Situation. Vielleicht möchten Sie aber auch an einem Abend in der Woche einen Babysitter haben, um etwas als Paar zu unternehmen, oder als alleinerziehende Mutter sich mal Zeit für Entspannung oder eine anregende Erwachsenenkonversation nehmen. Diese Aspekte sollten Sie mittelfristig in die Planung eines Betreuungskonzepts einbeziehen.
- Welche **Möglichkeiten** der Betreuung bieten sich in Ihrem Umfeld? Gibt es eventuell Angebote des Arbeitgebers (den Arbeitgeber des Vaters mit in Betracht ziehen!) oder zumindest Unterstützung bei der Suche? Welche Einrichtungen gibt es in gut erreichbarer Nähe zu Ihrem Arbeitsplatz oder Wohnort?

Bevor Sie beginnen, eine Kinderbetreuung zu suchen, sollten Sie sich zusammensetzen, um gemeinsam über Ihre Vorstellungen zu sprechen, und die Ergebnisse schriftlich festhalten. So haben Sie alle wichtigen Punkte immer griffbereit im Blick! Die Checkliste auf Seite 89 liefert Ihnen dazu gute Anhaltspunkte.

Wer ist geeignet, mein Kind zu betreuen?

Hier kommt unser neues Lieblingswort »Vertrautbetreuung« ins Spiel. Nur Menschen, zu denen man ein positives Gefühl entwickeln kann, und die in der Lage sind, sich gut auf die Bedürfnisse des Kindes und auch auf die der Eltern einzustellen, kommen als geeignete Betreuungspersonen infrage. Denn nur ihnen können wir als Mutter bzw. Eltern voll vertrauen.
Die Erfahrung zeigt, dass es sich lohnt, nicht nur nach äußeren Eindrücken zu gehen, sondern die Leute genauer kennenzulernen, mit denen wir es zu tun haben werden. Wie gehen sie mit unserem Liebling um, wie reagiert das Kind? So kann ein Au-pair ohne pädagogischen Hintergrund eine zauberhafte Kinderbegleiterin sein. Und eine voll ausgebildete Erzieherin mit exzellenten Zeugnissen ist nur dann eine wirklich gute Betreuerin, wenn sie ein positiver, freundlicher Mensch ist, der Kinder von Herzen gern hat. Insgesamt ist wichtig, dass auch bei Problemen ein konstruktiver Umgang möglich ist. Denn es wird immer Themen oder Aspekte geben, in denen wir uns nicht ganz einig sind, oder die wir Eltern für verbesserungswürdig halten. Deshalb gehört auch Offenheit und Lernbereitschaft zu wichtigen Eigenschaften einer guten Kinderbetreuung. Einen Überblick über Betreuungsformen und -kosten erhalten Sie in der Kompaktinfo auf den Seiten 96 und 97.

Betreuung zu Hause: Au-pair und Kinderfrau

Die mit Abstand häufigste Lösung für eine Betreuung im Haus ist das Au-pair. Diese Konstellation hat gerade bei sehr kleinen Kindern große Vorteile: Das Kind bleibt in seiner vertrauten häuslichen Umgebung, und es genießt die ungeteilte Aufmerksamkeit einer einzigen Betreuungsperson. Die meisten Au-pairs sind Frauen, es gibt aber inzwischen auch rund 10 Prozent männliche Au-pairs.
Etwa 260 Euro pro Monat (Stand 2008) kostet ein Au-pair plus rund 300 Euro ein-

malige Vermittlungsgebühr für die Agentur. Die Gebühren für einen Sprachkurs müssen ebenfalls einkalkuliert werden. Hinzukommen freie Unterkunft in einem eigenen Zimmer und Verpflegung.
Im Gegenzug für diese Leistungen hütet das Au-pair 30 Stunden in der Woche das Kind bzw. die Kinder. Die genauen Betreuungszeiten sollte man vorher vertraglich festlegen. Auch leichte Hausarbeit wie Kochen oder Wäsche waschen übernimmt ein Au-pair. Zweimal pro Woche darf man abends Babysitterdienste erwarten, am Wochenende hat das Au-pair normalerweise frei. Wichtig ist jedoch zu wissen: »Au-pair« bedeutet »auf Gegenseitigkeit« und so sollte es auch sein. Das Au-pair ist keine Angestellte und keine Putzhilfe, sondern ein junger Mensch, der Auslandserfahrungen sammeln möchte, und für eine Weile Teil der Familie wird. Das Au-pair braucht ebenso wie Ihr Kind Zeit zur Eingewöhnung, und es mag einige Wochen dauern, bis alles klappt.
Die Suche nach einem Au-pair läuft über Internet, E-Mail und Telefon, nur selten lernt man es vorher persönlich kennen. Je deutlicher Sie die Anforderungen und Ihre Bedürfnisse erklären, desto schneller gewöhnt das Au-pair sich in Ihrer Familie und der fremden Kultur ein. Notfalls, wenn Sie und das Aupair so gar nicht zusammenpassen, kann man den Au-pair-Vertrag auch mit einer Frist von zwei Wochen wieder kündigen. Der größte Nachteil: Nach einem Jahr ist das Au-pair wieder weg, und alles geht von vorne los. Au-pair finden, die Kinder an eine neue Person gewöhnen, erneut erklären, was die Kinder morgens essen, wo der Bäcker ist und wo der Spielplatz …
Eine Kinderfrau (oder – eher selten – ein Kindermann) ist im Vergleich zum Au-pair die De-luxe-Variante der häuslichen Kinderbetreuung. Hier können Sie deutlich mehr erwarten: unter anderem eine Ausbildung in Babypflege und Pädagogik. Hausarbeit gehört in der Regel nicht zu den Aufgaben, das ist jedoch Verhandlungssache. Mit Glück bleibt die Kinderfrau ein langjähriger Begleiter für Ihren Liebling, und das Trennungserlebnis wie beim Au-pair fällt weg. In jedem Fall hat solch eine perfekte Ersatzmutter ihren Preis: Je nach benötigter Stundenzahl kostet eine großartige Kinderfrau bis zu 3000 Euro im Monat.

Betreuung außerhalb: Krippe, Kita, Tagesmutter

In Deutschland ist die Betreuungsqualität sehr unterschiedlich, sowohl in den öffentlichen Einrichtungen wie auch im privat organisierten Bereich der Tagesmütter und Krippen in freier Trägerschaft. Krippenplätze finden sich vor allem in größeren Städten und in Ostdeutschland, im Westen sind sie in ländlichen Gebieten

EXTRA

Früh betreut in Krippe & Co

→ **Aktuelle Studien der Bindungsforschung belegen es: Frühe Betreuung in der Krippe oder bei der Tagesmutter ist kein Störfaktor für die Mutter-Kind-Beziehung. Im Gegenteil: Sie kann sogar davon profitieren!**

Martin Dornes fasst in »Die Seele des Kindes. Entstehung und Entwicklung« die neuesten Forschungsergebnisse zusammen: Die Betreuung außerhalb der Familie ist nur dann problematisch für die Mutter-Kind-Bindung, wenn diese vorher schon belastet war. Ansonsten können schon die Kleinsten von einem anregenden und liebevollen Betreuungsumfeld in Kleingruppen profitieren, ohne dass die Beziehung zu den Eltern leidet! Jörg Maywald und Bernhard Schön empfehlen in ihrem Werk »Krippen. Wie frühe Betreuung gelingt« bei der Betreuung durch Dritte auf Folgendes zu achten:

- Bei Betreuung vor dem 1. Lebensjahr müssen sich Eltern in der betreuungsfreien Zeit intensiv mit ihrem Kind beschäftigen.
- Besonders sensibel ist die Zeit vom 12. bis 18. Lebensmonat. Hier sollte die Eingewöhnung sehr behutsam erfolgen.
- Anfangs möglichst nur halbtags betreuen lassen. So hat das Kind Zeit, neue Eindrücke zu verarbeiten. Bei längeren Arbeitszeiten eventuell vereinbaren, dass das Kind zu Mittag schläft und Mama oder Papa zum Aufwachen da ist.
- Kontinuität in der Betreuung ist wichtig: lieber jeden Tag, als freie Tage dazwischen – das Kind verinnerlicht die neue Situation besser, ein Rhythmus spielt sich ein.
- In einer Gruppe mit unter 3-jährigen sollte eine Betreuungsperson für 3 bis 4 Kinder da sein.
- Eine hohe Qualität in Ausbildung und Ausstattung tragen wesentlich zum guten Gelingen der Betreuungssituation bei.
- Das Kind sollte anfangs nur eine oder zwei feste Bezugspersonen haben. Erzieherinnenwechsel am Tag, z.B. durch Schichtdienste, möglichst vermeiden.

noch immer eine Seltenheit. Die Kosten für Krippe oder Tagesmutter hängen von der eigenen Einkommenssituation ab, der Staat bezahlt den Hauptteil der Betreuung. Trotzdem ist ein Eigenanteil von bis zu 600 Euro pro Monat keine Seltenheit.
Wenn es um eine Kinderbetreuung außerhalb der eigenen vier Wände geht, kommt man meist nicht umhin, zu recherchieren, zu forschen, zu suchen, um die im Umkreis zur Verfügung stehenden Möglichkeiten selbst herauszufinden (siehe »Kompaktinfo« Seite 96/97).
Bei Krippen lautet die beste Strategie, das Kind so früh wie möglich anzumelden, am besten sogar noch vor der Geburt. Doch nur die wenigsten werdenden Mütter denken wahrscheinlich schon während der Schwangerschaft an Betreuungslösungen. Hat man keinen Wartelistenplatz, kann man es auch mit freundlicher Beharrlichkeit probieren. Manchmal wird ein bekanntes, sympathisches Gesicht einer anonymen Telefonnummer auf einer Warteliste vorgezogen, auch wenn die Spielregeln eigentlich anders sind …

Genau hinschauen!

Haben Sie die Chance auf einen Platz in einer Krippe oder Kita oder haben Sie eine Tagesmutter ausfindig gemacht, die sympathisch wirkt, dann heißt es: Rausfinden, ob diese Menschen gut sind für Ihr Kind. Denn hier geht es schließlich um das Wertvollste, was Sie haben! Daher dürfen Sie auch mal unangekündigt auf einem

4

ERFAHRUNGSBERICHT

MAREN: *Unsere Kinder wurden beide ab einem Jahr für sechs bis sieben Stunden in einer Krippe betreut und wechselten mit drei Jahren in den dazugehörigen Kindergarten. Wir haben uns für eine staatlich geförderte Elterninitiative entschieden, d.h. eine Institution in privater Trägerschaft. Diese Lösung bot aus unserer Sicht viele Vorteile: Der Personalschlüssel ist (insbesondere für die Kleinsten) deutlich besser als in einer staatlichen Krippe, die Betreuung ist sehr gut auf das Alter der Kinder abgestimmt. Im Elementarbereich werden die Kinder intensiv gefördert, es wird viel Wert gelegt auf die Entwicklung der sozialen Kompetenz, und die motivierten und sehr engagierten Erzieherinnen bieten den Kindern viele tolle Möglichkeiten, die Welt zu entdecken. Doch eine Elterninitiative bedeutet auch – wie der Name schon sagt – zusätzliches Engagement der Eltern: Abwaschdienste, Gruppenräume streichen, Ämter wie Kassenprüfung und das alljährliche große Putzwochenende … Das addiert natürlich einiges an zusätzlichen Verpflichtungen in unseren Terminkalender.*

Spielplatz erscheinen oder tagsüber einen Blick über den Zaun einer Kindertageseinrichtung werfen, um sich davon zu überzeugen: Sind die Erzieherinnen oder ist die Tagesmutter liebevoll und fürsorglich? Wird hier geschaukelt, da Ball gespielt? Wird sich mit den Kindern freundlich und auf Augenhöhe (!) unterhalten? Werden Näschen geputzt, Apfelschnitze verteilt, Marienkäfer gezeigt – und all das, obwohl kein Elternteil in Sicht ist? Ja, dann Glückwunsch, das sieht doch alles schon mal ziemlich ansprechend aus! Auch andere Mütter können eine gute Informationsquelle sein. Vorzugsweise diejenigen, die sich in einer ähnlichen Lage befinden wie Sie selbst. Geben arbeitende Mütterkolleginnen eine gute Referenz, dann ist das einiges wert.

Persönliche Gespräche sind ebenfalls sehr wichtig. Es ist vollkommen o.k., wenn nicht alle Erzieherinnen und Erzieher einer Einrichtung beim Erstgespräch dabei sind, schließlich müssen sie sich auch um die Kinder kümmern. Sie sollten jedoch die Gelegenheit bekommen, in weiteren Gesprächen das gesamte Team kennenzulernen. Und Sie sollten umfassend informiert werden: Wie ist der Tag strukturiert? Wie viel wird draußen gespielt und wo? Was wird unternommen, welche besonderen Angebote gibt es? Wie groß sind die Gruppen, wie läuft die Eingewöhnung am besten? Über Pädagogikstile zu sprechen macht Sinn, wenn Sie als Eltern davon auch wirklich etwas verstehen bzw. Ihnen erklärt wird, was es damit auf sich hat. Guter Tipp: Bringen Sie Ihren

TIPP

Betreuung durch Oma und Opa

Die Kinderbetreuung kann in manchen Fällen auch ein Thema sein, das sich wunderbar in der eigenen Familie lösen lässt. Zumindest teilweise. Omas und auch Opas sind vielleicht entzückt, wenn sie den Enkel an einigen Tagen in der Woche umhegen und verwöhnen dürfen. Und Kinder genießen das häufig sehr. Zudem sind die eigenen Eltern oder Schwiegereltern Menschen, die man gut kennt, und denen man von vornherein vertrauen kann. Bei so einer Familienlösung ist allerdings Augenmaß gefragt, denn eine volle Woche Kind ist für Oma oder Opa vielleicht ein bisschen zu viel. Und auch die eigenen Grenzen einer solchen Regelung müssen ausgelotet sein: Vielleicht haben Sie sich (auch dank der Mutterschaft) grade erst von den Eltern emanzipiert. In einem solchen Fall sollten Sie sich überlegen, ob Sie schon bereit sind, erneut ein Stück weit von Ihren Eltern abhängig zu sein.

Nachwuchs beim Kennenlerngespräch schon mal mit. Ein Kind kann manchmal viel schneller als jedes Gespräch zeigen, ob es sich in dieser Betreuungseinrichtung wohlfühlen wird.
Haben Sie nach der umfassenden Recherchearbeit das (Bauch-)Gefühl: »Ja, das passt!« – dann ist das meist auch so, und Sie sollten darauf einfach vertrauen.

Was tun, wenn nichts klappt?

Auch das gibt es: Krippe voll, Tagesmütter haben keine freien Plätze oder sind wenig Vertrauen erweckend. Oma und Opa wohnen in einer anderen Stadt, der Kindsvater arbeitet selbst oder ist nicht verfügbar, und für ein Au-pair gibt es weder Platz noch Geld … Wenn Sie keine der gängigen Betreuungslösungen finden, aber dennoch arbeiten müssen oder wollen, dann hilft nur eins: erfinderisch sein! Eine Mütterkooperation kann eine großartige Lösung sein. Der Deal lautet: Du betreust mein Kind, ich betreue dein Kind. Die halbe Woche arbeite ich, die halbe Woche arbeitest du. Zwillingskarre kaufen, und los geht's. Diese Lösung hat viele Vorteile: Ihr Kind kriegt ein Teilzeitgeschwisterchen und Sie sparen das Geld für teure Betreuungseinrichtungen. Zwei Kinder sind bei guter Stimmungslage nicht unbedingt anstrengender als eins. Vor allem dann nicht, wenn sie anfangen, miteinander zu spielen. Findet man eine Mutter mit entsprechenden Arbeitszeiten, die sich auf ein solches System einlassen möchte und die gut zu einem passt, dann ist ein solches Modell einfach super. Zeitweise anstrengend wird es hingegen, wenn beide Kinder krank oder aus unterschiedlichen Gründen schlecht gelaunt sind: Kinderweinen hoch zwei ist schlimmer als Zahnweh. In solch einer Situation heißt es Ohren steif halten – mit dem Gedanken, dass man in der Arbeitszeit dafür den Rücken frei hat und das Kind in allerbesten Händen weiß. Denn wer sollte Ihren Liebling besser und liebevoller betreuen als eine Mutter, die Ihnen ihr Kind anvertraut?

4

KOMPAKTINFO

Kinderbetreuung

BETREUUNGSLÖSUNG	WO?	VORTEILE
Au-pair	Zu Hause	Relativ kostengünstig; 1:1-Betreuung; individuell auf Familienbedürfnisse abstimmbar; Zeiteinteilung nach Bedarf (auch abends). Auch kranke Kinder werden betreut.
Kinderfrau	Zu Hause	Individuell; bleibt bei guter Zusammenarbeit über Jahre; voll ausgebildet in Babypflege und ggf. Hauswirtschaft, auch kranke Kinder werden betreut.
Leihomas/ Notfallbetreuung/ Babysitter/ Kurzzeitbetreuung	Zu Hause/ nach Vereinbarung	Flexibel; häufig auch im Notfall (Krankheit des Kindes) einsatzbereit.
Tagesmutter	Meist im Haus der Tagesmutter oder in angemieteten Räumen; seltener auf Spielplätzen	Guter Betreuungsschlüssel; häufig nur zwei bis drei Kinder. Je nach Persönlichkeit der Tagesmutter eine vertrauensvolle, sichere Betreuungssituation. Betreuung eventuell auch im Krankheitsfall des Kindes möglich. Spontane Verlängerung der Betreuungszeit nach Absprache möglich. Kosten für Tagesmütter werden bei Anspruch auf eine Kinderbetreuung vom Jugendamt bezuschusst.
Kinderkrippe, Kindergarten, Kindertagesstätte, Hort – staatlich	Institution	Zuverlässige Betreuung; großes Angebot an Förderung und Lernmöglichkeiten (je nach Einrichtung unterschiedlich); kindgerechte Räumlichkeiten; Gesellschaft anderer Kinder; ausgebildetete Erzieher; Vertretung bei Urlaub oder Krankheit der Erzieher.
Kinderkrippe, Kindergarten, Kindertagesstätte, Hort – privat	Institution	Zuverlässige Betreuung; großes Angebot an Förderung und Lernmöglichkeiten (je nach Einrichtung unterschiedlich); kindgerechte Räumlichkeiten; Gesellschaft anderer Kinder; ausgebildete Erzieher; häufig besserer Personalschlüssel (d.h. weniger Kinder pro Betreuer); Vertretung bei Urlaub oder Krankheit der Erzieher. Private Anbieter bieten häufig eine besondere Pädagogik (z.B. Waldorf, Montessori).
Betriebskindergarten	Im Unternehmen oder in der Nähe	Häufig exzellenter Personalschlüssel; gute Angebote; gute Ausstattung; Nähe zum Arbeitsplatz; zuverlässige Betreuung. Betreuungszeiten sind an die Arbeitszeiten angepasst. Teilweise auch Notfallbetreuung bei Krankheit; häufig gemeinsames Mittagessen Eltern/Kind möglich.
Kinderhotel / Kurzzeitbetreuung	Regionales Angebot in örtlichen Kinderhotels, nur in größeren Städten	Rundum-Betreuungsservice inkl. Spielen und Veranstaltungen in lokalen Kinderhotels, z.B. Kinderinsel (Berlin), Engel & Bengel (Hamburg). Sehr gute Ersatzlösung bei krankheitsbedingtem Ausfall z.B. von Tagesmutter oder Au-pair; häufig auch Übernachtbetreuung möglich.
Betreuter Spielplatz	Auf Spielplätzen in größeren Städten und Gemeinden	Zuverlässige Betreuung; Spaß und viel Bewegung für Kinder;häufig nicht nur Spielgeräte, sondern auch pädagogische Angebote; vielfach besondere Spielangebote, z.B. Töpfern, Malen, Handwerken.

EINSCHRÄNKUNGEN	KOSTEN ETWA	INFORMATIONEN
Maximal 30 Stunden/Woche; pädagogische Vorbildung oft nicht vorhanden; nach einem Jahr endet das Betreuungsverhältnis, Ausfall der Betreuung bei Krankheit des Au-pairs.	300 Euro/Monat plus Flug, Unterkunft, Krankenversicherung, Sprachkurs	www.au-pair-box.com, www.nanny.de www.au-pair-society.org
Kostenintensiv; 6 Wochen Urlaub/Jahr; Ausfall bei Krankheit der Kinderfrau.	Je nach Stundenzahl bis etwa 3000 Euro/Monat inkl. Sozialabgaben	www.hauspersonalagentur.de www.familienservice.de
Eventuell unbekannte Betreuer (schwierig, wenn Kind sehr klein, anhänglich oder krank).	9 bis 15 Euro/Stunde, je nach Anbieter	www.leihomaservice.de (Raum München) www.agenturmarypoppins.de www.familienservice.de www.betreut.de
Ausfall bei Krankheit der Tagesmutter; Betreuung meist nur bis 16:00 Uhr. Tagesmütter in Deutschland müssen keinerlei pädagogische Vorbildung nachweisen. Ggf. keine besonders hohe Motivation, da der Verdienst als Tagesmutter nicht überragend ist (hängt von der Persönlichkeit der Tagesmutter ab). Wichtig: Überprüfen, ob die Tagesmutter eine Berufshaftpflichtversicherung abgeschlossen hat.	Je nach Stundenzahl und Zuschuss vom Jugendamt Elternbeitrag zwischen 50 und 770 Euro/Monat	Auskunft über Anspruch und Kosten erteilt das zuständige Jugendamt (Abteilung Tagesbetreuung). Tagesmütter finden: www.tagesmutter-bundesverband.de
Betreuung häufig erst ab 12 Monaten, Kernzeiten meist nur von 8:00 bis 16:00 Uhr; erhöhte Ansteckungsgefahr bei umlaufenden Krankheiten; wechselnde Betreuer; häufig unzureichender Personalschlüssel; Behördengänge für Anmeldung nötig (z.B. Kita-Gutschein Hamburg); keine Betreuung im Krankheitsfall des Kindes.	Nach Verdienst der Eltern und regionalen Kosten/Erhebungen etwa zwischen 50 und 600 Euro/Monat	Auskunft erteilt das zuständige Jugendamt, Abteilung Kindertagesbetreuung (dort gibt es eine Liste mit allen Adressen). Google: Suchwort (z.B. „Kindertagesstätte“) und den eigenen Wohnort eingeben
Betreuung häufig erst ab 12 Monaten, Kernzeiten häufig nur 8:00 bis 16:00 Uhr; erhöhte Ansteckungsgefahr bei umlaufenden Krankheiten; wechselnde Betreuer, bei staatlicher Förderung; Behördengänge für Anmeldung nötig (z.B. Kita-Gutschein Hamburg), keine Betreuung im Krankheitsfall des Kindes.	Bei staatlicher Förderung: nach Verdienst der Eltern, zwischen 50 und 600 Euro. Bei rein privaten Angeboten: Je nach Institution bis zu 2000 Euro/Monat	Google: Suchwort (z.B. »Kindertagesstätte«) und den eigenen Wohnort eingeben. Ggf. gezielt nach privaten Anbietern suchen. Hier helfen oft Schlagwörter wie »Waldorf«, »Montessori«.
Die Abhängigkeit vom Arbeitgeber kann ein Nachteil sein bei Konflikten mit Erziehern. Erhöhte Ansteckungsgefahr bei umlaufenden Krankheiten; wechselnde Betreuer.	Je nach Arbeitgeber und Nutzung zwischen kostenlos und Kostenbeteiligung bis etwa 500 Euro	Webseite des eigenen Unternehmens, Personalabteilung
Eher als Kurzzeitlösung geeignet bei Städteurlauben, Geschäftsreisen, Betreuungsausfall; hohe Kosten, privat zu tragen. Gewöhnung an unbekannte Betreuer fällt manchen Kindern schwer. Aufgrund täglich wechselnder Kinder entsteht keine verlässliche Gruppensituation.	Kosten pro Nacht 50 bis 70 Euro; Geschwisterkinder erhalten Rabatt. Tagesbetreuung etwa 15 Euro/Stunde. Individuelle Preise bei den Anbietern erfragen.	www.kinderinsel.de (Berlin) www.bengel-engel.de (Hamburg)
Kurzzeitlösung für einzelne Termine. Keine dauerhafte Betreuungslösung. Nur für selbstständige, unabhängige Kinder geeignet, da häufig wechselnde Betreuung und viele andere, unbekannte Kinder.	2 bis 4 Euro/Stunde	Google: »Betreuter Spielplatz« und den eigenen Wohnort eingeben

Über Abschied und Wiedersehensfreude

→ Die Eingewöhnung

Generell gilt: Je kleiner das Kind ist, desto sanfter sollte die Gewöhnung an die Betreuung verlaufen. Kinder unter drei Jahren sollten nur ein oder zwei weitere feste Bezugspersonen neben den vertrauten Familienmitgliedern haben. Ältere oder besonders lebhafte und aufgeschlossene Kinder kommen auch mit häufiger wechselnden Ansprechpartnern zurecht. In der Eingewöhnungsphase sollte jedoch immer nur eine Person die Hauptbezugsperson für ein Kind sein. Jede gute Betreuungseinrichtung wird die Eingewöhnung so organisieren, dass der Übergang in die neue Situation für das Kind so angenehm wie möglich verläuft. Wichtig sind klare Strukturen. Außerdem vermitteln Lieblingsteddy oder Schnuller Sicherheit und können sehr nützlich sein.

Am Anfang bleiben Mama oder Papa normalerweise in Reichweite, damit sich das Kind mit der Umgebung und den Betreuern vertraut machen kann. Unserer Erfahrung nach ist es hilfreich, sich als Eltern während der Eingewöhnungsphase möglichst dezent im Hintergrund zu halten und dem Kind und der Betreuungsperson Zeit zu geben, sich ungestört aufeinander einzustellen. Sobald sich beide näher kennengelernt haben, kann man (zunächst in kurzen Intervallen) gehen und wiederkommen. Sowohl Abschied als auch Rückkehr müssen deutlich und für das Kind eindeutig verlaufen. Denn die Kleinen müssen lernen: Auf einen Abschied der Eltern folgt immer auch eine Rückkehr!

Wird ein Kind zu Hause betreut, sollte es am Anfang ebenfalls kurze elternfreie Intervalle proben, die allmählich verlängert werden. Wichtig: Eltern sollten nicht ständig zwischendurch reinschauen mit den Worten »Ich wollte nur mal sehen, ob alles läuft.« Das irritiert ein Kind nur. Besser ist es, eindeutig zu gehen und ebenso wiederzukommen. Und das nach Möglichkeit nur einmal am Tag, bis das Kleine sicher weiß: Mama oder Papa kommen immer wieder!

→ Klarheit sorgt für Sicherheit

Wenn Sie Ihr Kind durch Dritte betreuen lassen, werden der Abschied am Morgen und das Wiedersehen am Nachmittag zu Schlüsselmomenten. Für beide Situationen ist Klarheit das Beste. Für Sie als Eltern bedeutet das: Wenn Sie beim Abschied Unsicherheit zeigen, Angst vor der Reaktion des Kindes haben, gar erwarten, dass es gleich Tränen gibt – dann gibt es welche. Wenn Sie aber ruhig und entspannt vermitteln: »Dir geht es hier gut, alles prima!« und sich liebevoll, aber kurz und deutlich verabschieden, dann gibt es meist ein fröhliches Kinderwinken zum Abschied. Ähnlich ist es beim Abholen. Am liebsten möchten wir uns manchmal mit geöffneten Armen auf unser Kind stürzen: »Aaaach, ich hab dich ja sooo vermisst!« Natürlich freuen wir uns riesig auf unser Kind, der Nachteil eines solch dramatischen Liebesbeweises ist, dass das Kind die stundenweise Trennung als etwas empfindet, was es gar nicht sein soll: als einen Mangelzustand, der bei unserer Rückkehr unter großem Hallo endlich beendet wird. Besser ist es, unaufgeregt und mit einem freundlichen »Na mein Schatz, wie geht's?« hereinzukommen, das Kind kurz in den Arm zu nehmen und vielleicht noch ein bisschen mitzuspielen.

TIPP

Elterntugenden: Pünktlich und verlässlich sein

→ Der Chef will noch etwas wissen? Die Konferenz dauert länger? Auch wenn es im turbulenten Berufsalltag nicht immer leicht ist: Sie sollten sich angewöhnen, pünktlich zur vereinbarten Abholzeit da zu sein. Im eigenen Interesse sogar noch zehn Minuten vorher. Zum einen ist es angenehmer für Ihr Kind, wenn Sie nicht abgehetzt und auf den letzten Drücker hereinstürmen, zum anderen zeigen Sie damit Respekt gegenüber den Betreuern. Nach Ende der Abholzeit beginnt häufig der Feierabend. Sind Sie rechtzeitig vorher da, können Sie noch ganz in Ruhe zehn Minuten über Ihr Kind sprechen und sich darüber informieren, wie der Tag verlief, ohne Ihr Gegenüber in Zeitnot zu bringen.

Verlässlichkeit ist ebenso wichtig: Melden Sie Ihr Kind im Krankheitsfall rechtzeitig ab. Haben Sie die Termine der Betreuungseinrichtung bzw. der betreuenden Person im Kopf, und stellen Sie sich auch darauf ein (z.B. Elternabend, Infotag, Müttercafé, Urlaubspläne des Au-pairs). Seien Sie, Ihr Partner oder eine andere dem Kind nahestehende Person tagsüber erreichbar, falls Sie für Ihr Kind dringend da sein müssen.

Pünktlich und zuverlässig zu sein ist ein wichtiger Beitrag Ihrerseits zu einem gut funktionierenden, entspannten Betreuungsverhältnis!

Zeit für Kinder – aber richtig!

Das MamaHappy-Konzept steht für einen gesunden Mix aus Zeit mit unserem Kind, Zeit für den Job und Zeit, die nur uns und unserem Partner oder uns ganz allein gehört. Nur wenn wir es schaffen, unseren Kindern trotz beruflicher Verpflichtungen gerecht zu werden, können wir wirklich MamaHappy sein! Dazu gehört natürlich auch, dass wir qualitätsvolle Zeit mit unseren Kindern verbringen. Zeit, in der wir uns ihnen intensiv zuwenden, und in der uns nichts vom Zusammensein ablenkt.

Qualitätszeit für Kinder

Amerikanische Soziologen haben für diese ausgleichende Eltern-Kind-Zeit den Begriff »Quality Time« geprägt. Ein Begriff, der hierzulande teilweise in Verruf geraten ist, weil er die Anmutung hat, man wolle eine endlos lange »Quantity Time« im Büro in einer einzigen »Quality-Stunde« pro Tag wieder wettmachen. So ist das natürlich keinesfalls gedacht mit einer echten Qualitätszeit! Nein, wir möchten mit unserem Qualitätsansatz Antwort geben auf die folgenden Fragen:

- Wie lässt sich die Zeit mit Kindern so gestalten, dass es den Kleinen rundum gut geht und dass sie das Gefühl haben, im Großen und Ganzen jederzeit so viel Aufmerksamkeit von uns Eltern zu bekommen, wie sie brauchen?
- Wie können wir trotz beruflicher Pflichten als Familie echte Interaktion leben, zusammen viel Spaß haben und nicht nur in elterlichen und kindlichen Paralleluniversen nebeneinanderher existieren?
- Wie kann man die begrenzt zur Verfügung stehende gemeinsame Zeit mit unserem Anliegen, unsere Kinder maßgeblich selbst zu erziehen, miteinander verbinden? Denn wir als Eltern möchten zwar nicht die alleinige, aber doch die tonangebende Rolle in der Erziehung spielen. Um an dieser Stelle einem möglichen Missverständnis vorzubeugen: Auch die Zeit mit der Kinderbetreuung oder in der Schule hat für unsere Kinder Qualität. Schließlich bekommen sie dort eine Menge wertvoller Anregungen.

Der Begriff »Qualitätszeit« soll anregen, sich darüber Gedanken zu machen, wie wir als Eltern die Zeit mit den Kindern so schön und sinnvoll wie möglich gestalten können.

→ Mama, Papa oder beide?

Abhängig von der individuellen Familiensituation sind Eltern natürlich unterschiedlich für ihre Kinder da. Statistisch betrachtet arbeitet die Mehrheit der Mütter in Teilzeit, ist also nachmittags vermutlich häufiger mit den Kindern zusammen als es die Väter sind. Zum Ausgleich übernimmt der Papa dafür vielleicht die ersten Stunden des Tages, während die Mama schon an den Arbeitsplatz saust.
Für die Qualitätszeit gibt es keine feste Regel – außer der, dass es schön ist, wenn Kinder nicht nur ihre Mama regelmäßig sehen, sondern auch ihren Papa und nach Möglichkeit auch in festen Abständen gemeinsame Zeit mit beiden Eltern verbringen, beispielsweise am Wochenende und an Feiertagen. Längere, zusammenhängende Phasen gemeinsam mit den Kindern, wie Urlaub, sind ebenfalls sehr wichtig.
In traditionellen Familienmodellen ist dies normalerweise die Regel, in Trennungs- oder Patchworkfamilien jedoch etwas, was nicht selbstverständlich ist. Hier müssen Eltern von Fall zu Fall und je nach Entwicklungsstand des Kontakts zum Partner entscheiden, wie viel Gemeinsamkeit sie sich auch nach einer Trennung noch zutrauen und was sie für ihre Kinder möglich machen können, ohne dabei die eigenen Grenzen zu sprengen und sich selbst zu schaden.
In jedem Fall jedoch gilt: Es ist gut, wenn die Beziehung zu den Eltern auch zeitlich einem Rhythmus folgt, den die Kinder nachvollziehen und voraussehen können. Denn Kinder lieben Regeln, auf die sie sich verlassen können.

TIPP

Wie viel Quantität braucht Qualität?

→ Qualitätszeit für Kinder gibt es nicht ohne ein gewisses Maß an Quantität. 15 Minuten am Tag reichen in der Regel nicht dafür aus, unseren Kindern das zu geben, was sie von uns Eltern brauchen. Je kleiner die Kinder sind, desto mehr ungeteilte Aufmerksamkeit benötigen sie. Hier möchten wir jede Mutter (und jeden Vater!) ermuntern, selbst zu entscheiden, wie viel gemeinsame Familienzeit für ihre Kinder wichtig ist. Denn jedes Kind, jede Mutter, jeder Vater, kurz: jede Familie ist anders, und alle haben ihre eigenen, individuellen Bedürfnisse.

Es muss nicht immer eitel Sonnenschein sein

Ein Missverständnis, dem arbeitende Mütter nur allzu leicht unterliegen, ist: Wenn sie weniger Zeit mit ihren Kindern verbringen, weil sie arbeiten, dann muss diese Zeit rundum schön und harmonisch sein. Konflikte? Nein danke! Die gibt es mit Chefs und Kollegen oder Auftraggebern wirklich schon genug. Familie, das heißt doch Harmonie und Glück! Sollten wir da nicht versuchen, unsere Kinder möglichst glücklich zu machen? Sollte eine berufstätige Mama nicht wenigstens, sobald sie Feierabend hat (was bei in Teilzeit arbeitenden Müttern ja schon oft am Nachmittag ist), eine Wunscherfüller-Mama sein?

Beim Abholen dem Kind eine nette (süße) Überraschung präsentieren, am Nachmittag ein Eis oder gar zwei, jeden Tag ein kleines Spielzeug beim Lieblingsladen … Ein solcher Wunsch nach einem »Glücksausgleich« für das Kind ist verständlich. Manchmal beschleicht uns eben einfach das Gefühl, als arbeitende Mutter zu wenig Zeit mit unserem Kind zu verbringen – wir denken vielleicht, wir müssten etwas wiedergutmachen.

Doch für unsere Kinder ist es sehr viel wichtiger, dass wir Mamas keine Wunschfeen sind, sondern liebevolle, freundliche Menschen, die klare Möglichkeiten und Grenzen aufzeigen. Die Kleinen sind langfristig viel glücklicher, wenn wir ihnen nicht jeden Wunsch erfüllen, sondern wenn sie ab und zu Sätze dieser oder ähnlicher Art von uns hören: »Ich verstehe gut, dass du noch ein Eis möchtest. Aber eines reicht.« Denn zusammen eine gute Zeit zu haben, das heißt beileibe nicht, dass immer nur eitel Sonnenschein herrscht.

Kinder brauchen Reibungswärme ...

Der Familientherapeut Jesper Juul weist darauf hin, dass es in menschlichen Beziehungen zwei Arten von Wärme gibt: die Schmelzwärme (Harmonie) und die Reibungswärme (Konflikt). Unterschätzen Sie den Wert der Reibungswärme nicht! Kinder brauchen Sie als Sparringspartner, als ernst zu nehmenden Gegenpol. Gerade weil Sie als Working Mum nicht dauernd mit Ihrem Kind zusammen sind, ist es wichtig, dass Sie ihm authentisch gegenübertreten und in der Lage sind, auch gegen den Kinderwunsch und für die Erwachsenenvernunft zu entscheiden. Konflikte und unterschiedliche Meinungen gehören zu jeder menschlichen Beziehung dazu, und konstruktiv mit ihnen umzugehen ist ein wichtiger Bestandteil einer guten Erziehung. Das bedeutet natürlich nicht, dass Sie die gemeinsame Qualitätszeit mit dauerndem Neinsagen verderben sollen. Es heißt nur, dass Sie als arbeitende Mütter selbstbewusst genug sein dürfen und müssen, Ihrem Kind als souveräner Erwachsener gegenüberzutreten. Genau diese Auseinandersetzung ist etwas, was jedes Kind langfristig viel mehr zu schätzen weiß, als Süßigkeiten und Spielzeug im Überfluss.

... und Teilnahme am ganz normalen Leben!

Viel wichtiger ist es, in der gemeinsam zur Verfügung stehenden Zeit wirklich für die Kinder da zu sein, ihnen intensiv und aufmerksam zuzuhören.
Mit Kindern zu spielen, Ihnen Anregungen zu bieten, muss übrigens keineswegs bedeuten, dass Sie immer für ein super Kinderunterhaltungsprogramm sorgen müssen. Kinder freuen sich sehr, wenn sie einfach an unserem ganz normalen Leben teilhaben dürfen. Unsere alltäglichen Aufgaben finden die Kleinen meist viel spannender als wir selbst! Sie sind häufig begeistert und glücklich, wenn sie bei Dingen des Alltags mitmachen dürfen. Wichtig ist allerdings, dass wir Mamas dabei nicht abgehetzt oder gestresst sind, sondern uns die Zeit nehmen, die wir brauchen, die Dinge in Ruhe zu erledigen. Wenn wir die Kinder so an unserem Leben teilhaben lassen, wenn wir dabei geduldig und aufmerksam sind, dann entsteht sie plötzlich, wie aus dem Nichts: die allerschönste Familienharmonie! Auf der nächsten Seite geben wir einige Beispiele für typische »Erwachsenen-Erledigungen«, bei denen Kinder mit Begeisterung dabei sind. Probieren Sie es einfach mal aus.

TIPP

Viel zu tun? Mit kleinen Helfern ein Kinderspiel

KAUFLADEN SPIELEN

Fast jeder Supermarkt und jede Drogerie bieten kleine Einkaufswagen extra für Kinder. Pro Kind ein Einkaufswagen, und los geht's. Mama sucht aus, das Kind nimmt die Waren aus dem Regal und legt sie in seinen Wagen (bei schweren Sachen hilft Mama natürlich). Auch beim Auspacken an der Kasse helfen Kinder gern! Positiver Nebeneffekt: Ein Kind, das Äpfel und Joghurt auf das Laufband legt, achtet kaum auf die Süßigkeiten in Kassennähe.

GEISTERBAHN FAHREN

Das Kind darf die Karte in den Waschautomaten schieben und den Power-Knopf drücken. Dann schauen wir den großen Bürsten bei der Arbeit zu. Noch mehr Vergnügen: Eine Waschanlage zum Durchfahren, in der man im Auto sitzen bleiben darf. Fast so gruselig wie in der Geisterbahn ... Jede Wette: Die Kleinen quietschen vor Vergnügen!

SPARSCHWEIN FÜTTERN

In jedem Haushalt tauchen sie auf: Die PET-Leichtflaschen, die man in einen Automaten im Supermarkt steckt. Eine Arbeit, die Kinder dank des geringen Gewichts der Flaschen gut übernehmen können. Vielleicht erlaubt Mama, mit dem Geld aus der Leergutrückgabe das Sparschwein zu füttern ...

PFLANZEN PFLEGEN

Ob Garten, Terrasse oder Balkon: Wer Kinder hat, hat meist auch ein bisschen Grün um sich herum, das gepflegt werden will. Warum nicht mit den Kleinen im Garten arbeiten oder Balkonkästen bepflanzen? Kinder finden es toll, in der Erde zu wühlen – im Sandkasten machen sie ja auch nichts anderes. Für ältere Kinder ist ein eigenes kleines Beet oder eine Balkonkiste mit diversen (ungiftigen!) Pflanzen (z.B. Erdbeeren oder Tomaten) eine gute Gelegenheit, ein wenig Natur zu entdecken und zu erleben. Wichtig: Jedes Kind braucht seine eigene kleine Gießkanne, denn keiner wässert Pflanzen ausdauernder und mit mehr Begeisterung als Kinder.

MEDIEN ORGANISIEREN

Kinder lieben Bücher, und Mütter meist auch. Öffentliche Bibliotheken bieten reichlich Kinderliteratur und für Mamas interessante Sachbücher oder spannende Romane. Auch gute Kinder- und Erwachsenenfilme auf DVD sind häufig im Programm. Tipp: Bei Regenwetter einen Ausflug in die Bücherei machen.

MamaHappy-Navigation: Zeit für Kinder

Es ist unserer Erfahrung nach sinnvoll, einige erprobte Regeln für die gemeinsame Zeit mit Kindern zu beachten. Hier sind die aus unserer Sicht wichtigsten Punkte. Sie helfen, die Zeit mit Kindern zu genießen und gemeinsam ein Leben zu leben, das so schön wie möglich ist.

→ »Wenn ich Mama bin, bin ich Mama«

Im Zeitalter der überall verfügbaren Kommunikation ist es sehr verlockend, auch in der Kinderzeit am Nachmittag ein wenig zu arbeiten. Noch schnell ein Telefonat mit dem Kunden, eine kurze E-Mail an die Chefin, noch eine Motivations-SMS an die Mitarbeiter … Da hat man das gute Gefühl, man sei die ganze Zeit dran am Geschehen des Unternehmens und nichts würde einem entgehen. Supermama eben: Kinder, Job – alles bestens im Griff. Solch ein Job-Kinder-Multitasking ist nicht nur anstrengend, es stört auch die gemeinsame Zeit mit unseren Kindern. Sie haben ein Recht auf unsere ungeteilte Aufmerksamkeit in der Familienzeit, und jedes »Nur mal eben noch schnell« kann dabei stören. Auch ist es für uns selbst angenehmer, wenn uns unser professionelles Ich nicht dauernd in unser Familien-Ich hineinfunkt. Hier sind Tipps für mehr Konzentration aufs Kind:

- ☺ Handy aus, Mailbox an. Bei Bedarf ein berufliches und ein privates Handy nutzen, Wichtig: Das Job-Handy bleibt in der Kinderzeit aus.
- ☺ Chef und Kollegen müssen wissen, dass wir in unserer freien Zeit ausschließlich für unsere Familie da sind.
- ☺ E-Mails im Büro schreiben – oder am Abend, wenn die Kinder schlafen.
- ☺ Die Gedanken steuern: Nicht ständig über die Arbeit grübeln, sondern mit der Aufmerksamkeit beim Nachwuchs sein.

→ Kindersignale beachten

Beim Abholen erst einmal durchatmen und wahrnehmen: Wie geht es Ihrem Kind heute? Ist es müde? Oder hellwach? Hat es sich geärgert oder sich wehgetan? Oder war alles wunderbar? Wenn man ungefähr weiß, wie der Tag der Kinder verlief, lassen sich ihr Verhalten und ihre Reaktionen viel besser einschätzen. Wenn Ihr Kind nicht selbst erzählen kann oder mag, die Betreuer einbeziehen und nachfragen: »Wie war der Tag?« So können Sie flexibel reagieren. Ist Ihr Kind müde und erschöpft, braucht es am Nachmittag Ruhe. Hat es lange stillsitzen müssen oder war die Kindergruppe wegen Regenwetter nicht draußen? Dann tut Bewegung gut. Schauen Sie genau hin: Was braucht Ihr Kind? Das kann auch bedeuten: Wenn Ihr Kind müde, quengelig und überfordert ist, den Besuch bei Freunden abkürzen oder sogar ganz absagen.

→ Erlebnis und Verarbeitung im Gleichgewicht halten

Wenn wir unsere Kinder abholen, möchten wir Mamas ihnen gern etwas bieten, und haben manchmal schon ein tolles Programm geplant: Kindersport, Eisdiele, Kinderkino ... Nur: Unsere Kinder hatten tagsüber schon jede Menge Erlebnisse. Sie waren mit vielen Kindern zusammen, haben gespielt, getobt, gelacht und einiges unternommen. Manchmal sind zusätzliche Reize dann einfach zu viel. Denn für jedes Erlebnis und für jedes Bildungsangebot braucht ein Kind genug Zeit, es zu verarbeiten. Angemessen ist es daher, abzuwechseln zwischen Erlebnissen (also verplanter, gestalteter Zeit) und frei verfügbarer, ungeplanter Zeit, um z.B. ganz gemütlich nach Hause zu bummeln und die Zeit zu genießen. In der unverplanten Zeit gibt es Gelegenheit, gemeinsam kreativ zu werden, sich Spiele auszudenken, über die Dinge zu sprechen, die uns bewegen, oder einfach auch mal schlicht und einfach nichts zu tun. Das gibt Raum für Entspannung und eigene Spielideen.

→ Einen Dialog führen, kein Verhör

Das Abfragen wichtiger Standards wie: »War dein Tag schön?« »Was habt ihr im Kindergarten gegessen?«, »Mit wem hast du gespielt?« ist ein Eltern-Klassiker. Meist antworten die Kinder auf ein solches Verhör eher einsilbig und wir Eltern wissen hinterher kaum, was los war. Anregender ist es, einen Dialog zu führen. Also: Über allgemeine Dinge des Lebens reden – und die Meinung des anderen anhören. Für uns MamaHappys bedeutet das: Wir erzählen von uns und unserem Alltag – die Kinder von sich. So erfahren wir ganz nebenbei viele interessante Dinge aus dem Leben unserer Kinder. Eine richtige Unterhaltung ist für alle viel spannender und lustiger, und für uns Mütter meist deutlich informativer als reine Abfragerei.

→ Termine müssen zu uns passen – nicht umgekehrt

Sobald unsere Kinder dem Säuglingsalter entwachsen sind, beginnt die Zeit der Spielverabredungen. Auch für uns Eltern ist das eine feine Sache: Man kann mit einer Mutter oder einem Vater eine angeregte Erwachsenenunterhaltung führen, während die Kleinen sich königlich amüsieren, wechselseitig die Kinderzimmer auf den Kopf stellen oder gemeinsam ein profitables Sandkuchenbäckerei-Business auf dem Spielplatz aufziehen.

Legen Sie diese Nachmittagstermine nicht zu knapp! Planen Sie so viel Zeit ein, um gemütlich zu der Verabredung zu gelangen, nachdem Sie die Kinder abgeholt haben. Sonst geraten Sie und Ihr Kind unnötig in Stress. Und achten Sie auf den Punkt, wann es reicht: Kinder werden gegen Abend müde und unkonzentriert. Meist äußert sich das darin, dass mit dem Lieblingsfreund plötzlich gestritten wird, dass sich jemand wehtut oder dass allgemeines Gequengel ausbricht – ein wichtiges Aufbruchssignal, für Sie oder die Freunde. Auch wenn Sie sich manchmal ein bisschen unbeliebt machen, weil die Eltern eigentlich gern noch einen Kaffee trinken und plaudern wollten oder die Kinder ein gemeinsames Abendessen geplant hatten: Es ist allemal besser zu gehen oder die Freunde freundlich herauszukomplimentieren, wenn die Situation es erfordert. So ersparen Sie sich und den anderen einigen Stress, wie untröstliche Tränenausbrüche von übermüdeten Kindern auf dem Heimweg.

Auch für Kindersport, Musik und sonstige Veranstaltungen gilt: Statt permanent abgehetzt beim Kinderturnen anzukommen, besser einen Termin wählen, der bequem zu schaffen ist. Es gibt keinen Ausweichtermin? Dann akzeptieren Sie, dass das Kinderturnen eben momentan nicht in Ihr Leben passt – manchmal ist weniger auch hier mehr!

→ Eigene Rituale entwickeln

Zu den schönsten Dingen der Kindheit gehören die kleinen, individuellen Rituale, die sich in jeder Familie so nach und nach herausbilden. Diese Familienrituale sind eine große Hilfe: Sie bringen Struktur und Sicherheit in den Alltag der Kinder, sie markieren den Tagesrhythmus, sie machen die Besonderheit und die Eigenheit der Familie aus, und sie geben Halt – insbesondere dann, wenn die Eltern arbeitsbedingt nicht die ganze Zeit bei den Kindern sind. Das können besondere Gute-Nacht-Zeremonien sein, das morgendliche gemeinsame Frühstück, bestimmte Lieder oder Geschichten oder Dinge, die für die Jahreszeiten oder bestimmte Ereignisse stehen: selbst gebastelte Adventskalender, Sommerferienrituale, das Kochen von Kinderlieblingsessen, die Vorlesestunde am Abend und, und, und …

→ Für Entspannung sorgen

Wir arbeitenden Mütter und Väter sind oft in Eile. Morgens schnell anziehen, schnell frühstücken, schnell los, Kind abgeben, dann zackzack zur Arbeit und auf dem Rückweg das Gleiche. Sobald die Kinder abgeholt wurden, tut es allen gut, den Rest des Tages ruhiger verlaufen zu lassen. Das gilt genauso fürs Wochenende: Ist es nicht herrlich, ab und zu entspannter in den Tag zu starten? Davon profitiert die ganze Familie, alle fühlen sich erholt.

→ Auspowern

Entspannung und Bewegung gehören zusammen. Kinder brauchen viel Bewegung und sie tut ihnen gut. Das gilt übrigens nicht nur für kleine Leute! Schließlich verbringen auch wir Erwachsenen in der Regel die meiste Arbeitszeit sitzend. Doch zwischen Spaziergang und Trendsport findet sich so einiges, wozu die ganze Familie Lust hat. Wie wäre zum Beispiel einmal damit, gemeinsam eine mehr oder weniger ausgiebige Radtour zu machen, zu laufen, schwimmen zu gehen, mit dem (Nachbars-)Hund rauszugehen, einen Ausflug zum Ponyhof zu machen (und dort zu reiten), Rollschuh- oder Schlittschuh zu laufen? Auch wenn wir manchmal so schlapp und müde sind, dass wir gar nicht vom Sofa aufstehen mögen, sorgt ein bisschen Bewegung an frischer Luft sofort für gute Laune, und auch die Müdigkeit verschwindet langsam.

ERFAHRUNGSBERICHT

MAREN: *Unsere Kinder haben genau wie wir ein erfülltes, aber manchmal anstrengendes Leben. Sieben Stunden Kindergarten, ein voller Tag Schule mit anschließender Hortbetreuung ... Das macht ihnen viel Spaß, aber es kostet auch Kraft. Wenn unsere Kinder erschöpft oder müde sind, machen wir es uns bewusst mal ein oder zwei Tage ganz gemütlich: Wir frühstücken in Ruhe, sitzen danach auf dem Sofa und lesen vor, machen mal einen Tag lang Pause bei Verabredungen mit Spielfreunden und auch wir Erwachsenen sagen unsere Termine ab. Nach dem Essen gibt es dann ein ausgiebiges Mittagsschläfchen für die ganze Familie – und alle fühlen sich danach wieder besser.*

→ Jedes Kind wertschätzen

Wer mehr als ein Kind hat, weiß, dass es manchmal schwierig sein kann, Kindern unterschiedlichen Geschlechts oder unterschiedlicher Altersstufen gerecht zu werden. Jedes Kind mit Geschwistern freut sich daher, wenn es ab und zu Mama oder Papa ganz für sich allein haben darf. Das ist gar nicht so schwer zu organisieren: Manchmal reicht es schon aus, nur eine halbe Stunde lang dem einen Kind sein Lieblingsbuch vorzulesen und eine halbe Stunde lang dem anderen. Oder ein Kind unternimmt etwas mit Papa, das andere bastelt in dieser Zeit etwas mit Mama. Oder die Geschwister gehen für einen Tag zu Oma und Opa oder einer befreundeten Familie und das Kind daheim bekommt an diesem Tag die ungeteilte Aufmerksamkeit der Eltern. Ein Kind, das Mama, Papa oder sogar beide Eltern eine Zeit lang ganz für sich allein haben darf, spürt in solchen Momenten sehr deutlich: »Ich bin etwas ganz Besonderes!«

Familienorganisation: Termine und Zeit planen

Eine gute Termin- und Zeitplanung ist für alle Mütter unerlässlich, nicht nur im beruflichen, sondern insbesondere auch im privaten Bereich. Sie haben plötzlich nicht nur selbst jede Menge zusätzlicher Privattermine von A wie Ausflugsbegleitung bis Z wie zehnter Elternabend in diesem Jahr. Darüber hinaus sind Mütter auf lange Zeit der »Chief Executive Personal Super-Assistant« ihrer Kinder und müssen ihre eigenen Termine und To-dos ebenfalls im Blick haben. Von der Spielverabredung der Kleinen bis zum Arztbesuch, vom Judokurs bis zur Schwimmprüfung: Die Kinder müssen rechtzeitig da sein. Für Ausflüge wollen Rucksack, Sonnenschutz und Frühstücksbrot eingepackt werden.

Wir Eltern müssen dafür sorgen, dass die Kleinen je nach Wetter und Anlass die richtige Kleidung tragen. Geliehene Plüschtierchen oder Spielzeug, Büchereibücher und Kinder-DVDs wollen mit unserer Hilfe ihren rechtmäßigen Besitzern zur vereinbarten Zeit zurückgegeben werden. Und Geburtstagsgeschenke für alle Freunde müssen besorgt und liebevoll verpackt werden.

4

Ein Organistionssystem aufstellen

Nicht nur mehr Termine, auch deren Planung wird unsicherer: Die zeitlichen Abläufe werden in einem Leben mit Kindern ab und zu heftig torpediert: durch plötzlich auftretende Krankheiten kurz vor Arbeitsbeginn, einen auf dem Weg zum Kindergarten verlorenen Lieblingsteddy oder durch plötzliches Heimweh auf der Kindergartenreise. Solche Ausnahmen sind die Regel, und das verlangt immer wieder viel Improvisationstalent.

Die gute Nachricht: Trotzdem lässt sich der Familien- und Berufsalltag mit einer durchdachten Organisation recht gut steuern. Damit das klappt, sollten Sie sich die Zeit nehmen, Ihr privates Organisationssystem einmal in Ruhe zu überdenken und da, wo es notwendig ist, zu optimieren.

Auf den folgenden Seiten haben wir einen MamaHappy-Crashkurs für eine gute Familienorganisation und ein perfektes Energiemanagement zusammengestellt.

Crashkurs: Organisation für Mütter

Der weltweit erfolgreichste Management-Berater und Produktivitäts-Coach David Allen beschreibt den Zustand hervorragender Organisation als »die Bereitschaft des Karatemeisters«. Aus tiefer Ruhe und Entspanntheit kann dieser in Bruchteilen von Sekunden maximale Energie freisetzen. Eine gute Organisation hat genau das zum Zweck: Sie soll uns entspannen, uns den Kopf frei halten und es uns so ermöglichen, jederzeit die richtige Menge Energie freizusetzen, um die Ereignisse zu steuern und auf Herausforderungen und Unerwartetes flexibel und angemessen zu reagieren.

TIPP

Planungssysteme erleichtern den Kopf

- Ein Wochenplaner, in dem die festen Termine sämtlicher Familienmitglieder festgehalten werden – dazu gehören auch feste Familientermine, wie gemeinsame Mahlzeiten oder ein Spieleabend.
- Ein persönlicher Kalender für tägliche Termine. Am besten den Planer, in den Sie auch Ihre Business-Termine eintragen – so haben Sie immer alles auf einen Blick.
- Ein zuverlässiges Ablagesystem in Ordnern, in dem Sie alles speichern, was aufhebenswert ist. Wichtig: Die Ordner regelmäßig überprüfen, ob alles wirklich aufbewahrt werden muss!
- Eine Tafel in der Küche, auf der Sie sofort notieren, wenn etwas im Haushalt fehlt.
- Eine Übersicht für private Projekte, in der Sie alles festhalten, was Sie zukünftig gern machen würden, wofür Ihnen jetzt aber gerade die Zeit fehlt. Hier gehört alles hinein von »Kinderzimmer renovieren« über »Bestseller-Roman schreiben«, bis hin zu »Rückbank im Auto von der Schicht Kekskrümel, Pixi-Büchern und Kassettenhüllen befreien«. Ein herrliches Gefühl entsteht: Sobald Sie diese Dinge notiert haben, endet das ständige »Ich müsste eigentlich noch ...« in Ihrem Kopf.

→ Den Kopf entlasten

Alle Anforderungen, Informationen, Termine und To-dos sollten Sie dort speichern, wo Sie jederzeit darauf zurückgreifen können. Jeder Informationszettel vom Kindergarten, jeder neu bekannt werdende Termin, jedes »Denken an ...!« sollte sofort in ein verlässliches Planungssystem übertragen werden.
Denn: Bereits drei »Merk-Würdigkeiten« sind zu viel für einen Kopf, der dauernd Höchstleistungen erbringen muss!

→ Dinge und Informationen verfügbar machen

Zur Kunst einer guten Organisation gehört es, die benötigten Dinge oder Informationen zur Verfügung zu haben, wo und wann immer sie gebraucht werden. Die Einkaufsliste ist ein gutes Beispiel für eine gut organisierte Haushaltsführung – eine wirklich feine Sache! Wenn sie bloß nicht am Kühlschrank hängen würde, während man selbst im Supermarkt steht, und sich überlegt, was man alles besorgen wollte ... Klasse, dass wir an den Ausflug heute gedacht haben! Aber noch besser wäre es, wenn wir jetzt noch den Zettel finden würden, auf dem steht, was die Kinder brauchen, wann es losgeht und wann sie wieder zurück sind.
Auf der nächsten Seite finden Sie ein paar Tricks, wie Sie Ihre Vergesslichkeit überlisten können.

→ Zuständigkeiten verteilen

In aller Regel sind wir nicht allein mit den Terminen unserer Kinder, sondern auch Papa kann Aufgaben übernehmen. Wichtig ist eine klare Abstimmung untereinander, sonst kann es passieren, dass Termine und Erledigungen zwischen den Eltern durchrutschen. (»Ich dachte, du hättest ...«. »Nein, ich dachte, du würdest ...«.) Am besten überlegen Sie gemeinsam, wer für welche Bereiche der Kinderorganisation oder einzelne, wiederkehrende Aufgaben zuständig sein kann. Zum Beispiel so: »Du machst alles, was mit der Schule zu tun hat. Ich kümmere mich um die Freizeitveranstaltungen von Hockey bis Schwimmkurs.« Ein großer Vorteil: Haben Sie die Zuständigkeiten erst einmal verteilt, können Sie die Aufgabenbereiche, die der Partner fest übernimmt, von Ihrer inneren Agenda streichen.
Falls es keinen Papa im Alltagssystem gibt oder er berufsbedingt keine Zeit hat, dann lassen sich vielleicht Oma, Opa oder andere Familienhelfer dazu bewegen, feste Zuständigkeiten zu übernehmen, um Sie in Teilbereichen des Familienmanagements zu entlasten.

→ Zehn Minuten gewinnen

Schaut man sich einen durchschnittlichen Mama-Chaos-Tag an, sind es immer diese verflixten sieben bis acht Minuten, die einem fehlen. Zu spät aus der Tür, zu spät beim Kindergarten, zu spät zum Abholen bei der Tagesmutter, hektisch rotierend im dichten Straßenverkehr auf dem Weg zum Kinderturnen …

Machen Sie es anders: Stellen Sie schon morgens den Wecker zehn Minuten früher – und geben Sie diese gewonnenen zehn Minuten einfach nicht mehr aus der Hand! Früher aufstehen, früher frühstücken, früher aus dem Haus, früher im Kindergarten, früher Feierabend. Nur zehn Minuten – und auf einmal sind Sie gelassener.

Sollten Sie tatsächlich irgendwo mal zehn Minuten zu früh sein, genießen Sie es, mit Ihrem Kind auch einmal zu trödeln. Auch ein Coffee-to-go oder eine entspannte Plauderei mit anderen Müttern und Vätern ist eine angenehme, wenn auch ungeplante Überraschung!

TIPP

Überlisten Sie Ihre Vergesslichkeit!

- Gehen Sie in Gedanken abends den nächsten Tag durch: Was ist wichtig? Woran müssen Sie denken?
- Legen Sie die Dinge, die am nächsten Tag benötigt werden, abends schon bereit. Und zwar dorthin, wo sie nicht vergessen werden können, zum Beispiel vor die Wohnungstür.
- Planen Sie Ihre Einkäufe gut und haben Sie eine Liste beim Einkauf dabei, auf der wirklich alles zusammengetragen ist, was Sie brauchen. Sehr hilfreich ist eine Standardliste im Computer, auf der Sie alle Basics des täglichen Lebens aufgeführt haben, und die immer nur um Aktuelles ergänzt werden muss.
- Notieren Sie Informationen darüber, was für bestimmte Termine benötigt wird, mit in den Kalender (zum Beispiel: 15:30 Uhr Arbeit im Schulgarten, altes T-Shirt mitbringen!).
- Packen Sie mit Ihrem Kind Kindergartentäschchen oder Ranzen und für sich selbst die Handtasche am Abend vorher. Nicht vergessen: Kleidung abends bereitlegen!
- Sind Arztanrufe bis 8:00 Uhr oder sonstige Früherledigungen geplant? Dann kleben Sie sich ein Post-it an den Badezimmerspiegel.
- Laden Sie routinemäßig an zwei Abenden pro Woche das Handy auf. So vermeiden Sie ärgerliche Akku-Abstürze mitten am Tag.

→ Mit den Energien besser haushalten

Wer ist sofort bereit, das Protokoll vom Schulelternabend zu schreiben? Wer backt Kekse selbst, wo alle anderen nur eine Packung Cräcker oder Schokoreiswaffeln mitbringen? Wer führt die Geburtstagskasse für die Erzieher? Natürlich: Es sind immer die berufstätigen Mütter!
Ein Paradoxon: Wir, die wir am wenigsten Zeit haben, sind immer besonders engagiert – natürlich um uns selbst und der Welt zu beweisen, dass wir trotz Job und vollem Terminkalender eine Supermutter sind. Zu einer guten Organisation gehört es jedoch, dass wir die Grenzen der eigenen Verfügbarkeit akzeptieren. Wir sind berufstätige Mütter, wir haben viele Verpflichtungen. Unsere Zeit ist eine knappe Ressource. Punkt.
Damit Sie sich nicht ständig in eine Situation der Überforderung hineinmanövrieren, sollten Sie vor Elternabenden und sonstigen Veranstaltungen kurz nachdenken, ob Sie für zusätzliche Aufgaben Kapazitäten haben, und wenn ja, wie viel. Hat man vorab eine klare Einstellung dazu gefunden, kann man eine Aufgabe übernehmen, die gut zu schaffen ist. Und wenn für Sie klar ist »Im Moment habe ich wirklich keine Zeit«, ist es auch viel leichter, dem Druck des Schweigens standzuhalten, wenn sich mal wieder keiner freiwillig meldet, das Elternabendprotokoll zu schreiben oder den Basteltag zu begleiten.

DENK-DRAN-WECKRUF

MAREN: *Ich habe einen Wecker mit Sprachaufnahmefunktion (gibt's bei IKEA): Bei ganz wichtigen Dingen, die am nächsten Tag nicht vergessen werden dürfen oder Sachen, die mir abends im Bett noch einfallen, spreche ich mir selbst eine Nachricht auf den Wecker.*

→ Eine gute Kommunikation macht jede Planung besser

Eine gute Planung wird immer auch von guter Kommunikation begleitet. Schlau ist es, den Kindern schon morgens mitzuteilen, was sie heute Nachmittag erwartet. Wird schon morgens angekündigt, »Ich hole dich nach dem Nachtisch ab, und dann haben wir einen Termin beim Zahnarzt«, gibt es am Nachmittag keine Enttäuschung, weil das Kind inzwischen einen eigenen Plan gemacht hat (wie eine spontane Spielverabredung mit der Lieblingsfreundin).
Auch den anderen Mitgliedern unseres sozialen Systems wie Partner, Oma, Tagesmutter, Erzieher, Chefs oder Kollegen sollten wir an den sie betreffenden Stellen mitteilen, was wir vorhaben bzw. wann wir gehen müssen. Ein Beispiel:

Im Job werden Konferenzen und wichtige Meetings nur zu gern auf einen Termin so gegen 15:00 Uhr gelegt? Das passiert selten aus Schikane, sondern meist einfach, weil immer alle vergessen, dass viele berufstätige Mütter nur bis 15:30 Uhr arbeiten. In einem solchen Fall hilft eine sofortige Kurzinfo an die Kollegen: »Lasst uns das Meeting doch schon um 14:00 Uhr starten, dann habe ich ausgiebig Zeit, mich dem Thema zu widmen.« Auch für private Verabredungen hilft eine klare Kommunikation. Wenn wir nicht genau wissen, ob wir es bis 16:00 Uhr zum Lieblingsfreund unseres Kindes schaffen, dann sagen wir doch einfach: »Wir sind so zwischen 16:00 Uhr und 16:15 Uhr bei euch!« Wenn wir innerhalb eines solchen Zeitfensters kommen dürfen, sind wir entspannt – und in jedem Fall pünktlich.

→ Synergien nutzen

Schon mal drüber nachgedacht, nicht nur im Job, sondern auch im Familienleben die Prozesse nach Synergien abzusuchen? Synergiepotenziale gibt es überall: Mehrere Kinder gehen nach dem Kindergarten noch zum Turnen? Da können sich Mütter und Väter doch prima abwechseln mit dem Bringen und Abholen! Für das Kindergartenfest wird um Salate, Kuchen usw. gebeten? Warum organisieren wir uns nicht so, dass nur jede dritte Mutter etwas mitbringen muss, und dafür die dreifache Menge? Die anderen sind dann eben beim nächsten Mal dran. Wir brauchen alle 14 Tage mal einen Nachmittag für uns? Warum nicht mit einer anderen Mutter eine kleine Nachmittags-Spielkooperation verabreden und im Wechsel ein Mal pro Woche die Kinder gegenseitig betreuen?

→ Auf Anforderungen angemessen reagieren

Bei vielen Müttern ist die richtige Haltung zum Thema »Was muss getan werden?« automatisiert: Wir tun, was nötig ist, und wann es nötig ist. Wenn das Kind nachts weint, stehen wir auf und sehen nach, was los ist. Zur Abendbrotszeit steht Essen auf dem Tisch. Wenn ein Kind Schmerzen hat, trösten wir. Was wir aber lernen können: Nicht mehr zu tun, als nötig ist. Beobachtet man einen Stein dabei, wie er ins Wasser fällt, so reagiert das Wasser genau angemessen auf die Energie des Steins: Es wellt sich kurz und kehrt dann in seinen Ausgangszustand zurück. So sieht perfektes Energiemanagement aus! Wenn wir auf jedes Ereignis und jede Anforderung mit genau der angemessenen Menge Energie reagieren, sparen wir viel Kraft. Hier ein Beispiel: Die Kinder streiten. Wie häufig fühlen wir uns gefordert, dazwischenzugehen – könnten aber die negative Energie des Streits mindern und unsere eigene sparen, indem wir den Streithähnen deutlich machen, dass sie selbst für die Lösung ihres Problems zuständig sind. Häufig reicht es schon, einfach die Kinderzimmertür zu schließen mit den Worten: »Mir ist das etwas zu laut. Wenn ihr eure Auseinandersetzung geklärt habt, könnt ihr die Tür wieder öffnen.« Wir sparen uns die Energie langer Vorträge – und die Kinder beruhigen sich in aller Regel sehr schnell.

→ Delegieren lernen

»Ach lass doch, das mach ich schnell selbst.« Das ist ein Satz, den Mütter unter Zeitdruck nur zu gern sagen. Wenn man es selbst macht, geht ja alles so viel schneller. Auf lange Sicht stimmt das aber nicht! Es ist viel besser, den Kindern (und auch dem Partner) die Chance zu geben, auch Ungeübtes selbst zu machen. Es spart langfristig eigene Energien, und die anderen lernen hinzu. Auch im Haushalt gilt: Wenn Sie Arbeit delegiert haben, dann sollten Sie auch dabei bleiben. Also: Krümel auf der Fensterbank nicht »mal eben schnell« wegwischen, wenn morgen früh sowieso die Putzhilfe kommt. Bei vielen Kindergärten und Schulen ist intensive Mitarbeit gefragt, und es sind immer die gleichen fünf Leute, die bereit sind, sich einzubringen. Falls Sie zu diesen fünf gehören: Fragen Sie gezielt die anderen, ob sie bitte diese oder jene Aufgabe übernehmen könnten! Und statt jeden Geburtstag wieder 30 kleine Muffins für den Kindergarten zu backen, kann man vorschlagen, ob man nicht für alle lieber die Sitte einführen will, dass stattdessen die Erzieher mit den Kindern einen Kuchen backen und verzieren. Das macht den Kindern einen Riesenspaß und entlastet alle Mütter!

→ Supermama ade!

Auch das ist Teil einer guten Familienorganisation: Seien Sie Mama – nicht Supermama! Lernen Sie, mit sich selbst großzügig zu sein. Schauen Sie über kleine Unperfektheiten des Alltags hinweg. Ihr Kind kleckert morgens kurz vor dem Losgehen auf seinen Pulli? Während Supermama ihrem Kind den Pulli hektisch

ERFAHRUNGSBERICHT

ASTRID: *Ich habe drei Töchter, da müsste ich für Geburtstagsgeschenke für alle Freundinnen und Freunde rund 30-mal im Jahr in einen Spielzeugladen. Stattdessen plane ich für zwei Monate die Geburtstage im Voraus und kaufe alles auf einmal. Zusätzlich habe ich immer einen kleinen Spontangeschenke- und Mitbringselvorrat. Auf diese Weise sind wir nie um ein tolles Geschenk verlegen!*

ausziehen würde, bleiben Sie gelassen – im Laufe des Tages werden noch einige Flecken hinzukommen. Sie arbeiten die halbe Nacht für Ihren Job, und morgens sind Sie so müde, dass Sie den Turnbeutel für den Kindergarten vergessen haben? Während Supermama jetzt vermutlich mit 180 km/h durch die Stadt rasen würde, um noch das Turnzeug zu holen und trotzdem pünktlich bei der Arbeit zu sein: Sehen sie besser ein, dass es nicht mehr zu schaffen ist und improvisieren Sie. In jedem Kindergarten gibt es eine Kiste mit Ersatzkleidern, da findet sich meist auch Turnzeug. Falls nicht: Dann turnt Ihr Kind eben barfuß oder auf Rutschsocken mit. Wichtiger als Perfektion ist eine Mama, die auch bei kleinen Missgeschicken Ruhe bewahrt.

TIPP

Entzaubern Sie Energie- und Zeiträuber

Wer sich dauernd gestresst und unter Zeitdruck fühlt, sollte prüfen, ob es die Energie- und Zeiträuber sind, die diese gefühlte Zeitnot verursachen!

Versuchen Sie sie zu entzaubern:

- Die immer gleichen Personen verwickeln Sie in endlose Gespräche, um ihre Probleme bei Ihnen abzuladen, interessieren sich aber keinen Deut für Sie und Ihr Leben? Die Lösung: Begrenzen Sie die Kommunikation mit diesen Menschen auf das Notwendigste!
- Marktforschung, Zeitungsabo & Co. rufen mal wieder ungebeten an? Die Lösung: Beenden Sie solche Gespräche sofort freundlich, aber sehr bestimmt!
- Das Fernsehen zieht Sie immer wieder in seinen Bann, obwohl Sie das Programm eigentlich gar nicht interessiert? Die Lösung: Nachrichten im Internet und Filme auf DVD helfen, den Medienkonsum auf das zu begrenzen, was Sie wirklich interessiert.
- Werbemails, -SMS, -Postwurfsendungen ringen immer wieder um Ihre Aufmerksamkeit? Die Lösung: Spamfilter installieren, unerwünschte Newsletter kündigen. Auch klärende Anrufe bei Mobilfunkanbietern und »Keine-Werbung«-Aufkleber am Briefkasten helfen, um nur die Konsumbotschaften zu bekommen, die Sie auch wirklich haben wollen.

Fazit: Wenn Sie Energieräuber konsequent aushebeln, gewinnen Sie viel Zeit für alles, was Ihnen wirklich wichtig ist und Spaß macht!

Haushalt & Co: Weniger Arbeit, mehr Leben!

Ordnung, Sauberkeit … Wie langweilig! Wer beschäftigt sich schon freiwillig mit so profanen Dingen wie Aufräumen, Putzen und Staubsaugen? So richtig gern tut das eigentlich niemand. Allerdings verursachen Kinder eine Menge (Haus-) Arbeit. Und genau deswegen sollten wir als Familie dem Thema Haushalt ein wenig Planung und Aufmerksamkeit schenken. Je besser wir hier nämlich die Dinge geregelt haben, desto weniger müssen wir uns im Alltag mit Diskussionen darum belasten. Und in einem sind wir uns wohl alle einig: In einem sauberen, gemütlichen Haushalt wohnt, lebt und spielt es sich sehr viel besser!

Gewohnheitsmäßig und der traditionellen Rollenverteilung entsprechend macht den überwiegenden Teil der Hausarbeit auch heute noch in den meisten Familien die Frau. Die Mehrzahl der Männer hält sich beim Putzen, Waschen und Bügeln vornehm zurück und verbringt ihre Zeit lieber mit Handwerksarbeiten und Autopflege. Doch für arbeitende Mütter ist es keine gute Idee, sich auch noch hauptverantwortlich um den Haushalt zu kümmern. Die Erfahrung zeigt: Eine tolle Mutter sein und einen tollen Job machen – klar, das geht. Dazu noch aber ganz allein einen Mann-und-Kinderhaushalt voll im Griff haben und für die gesamte Familie zu kochen, zu putzen, zu waschen: Keine Chance! Das wäre selbst für Supermama zu viel!

Also brauchen wir Lösungen, wie wir die anfallenden Arbeiten in einem Familienhaushalt fair und zu aller Zufriedenheit regeln. Dabei sollte selbstverständlich die ganze Familie an der Lösungsfindung beteiligt sein, nicht nur die liebe Mama. Im Folgenden zeigen wir einen Weg auf zu einer entspannten und gerechten Verteilung der Hausarbeit.

→ Schaffen Sie Klarheit!

Machen Sie als erstes eine Hausarbeitsanalyse. Klären Sie: Was ist zu tun, wie viel ist zu tun? Um die Menge der anfallenden Arbeiten zu ermessen, sollten Sie mal eine Woche lang alles in eine Liste eintragen. Damit auch nichts vergessen wird, notieren Sie Routinetätigkeiten wie Müll runtertragen, Geschirrspüler einräumen, Bad putzen, Wäsche waschen, Einkaufen, aber auch die selteneren »Spezialarbeiten« wie Fenster putzen, Balkon reinigen, Gartenarbeit, Dachboden aufräumen, Möbel zusammenbauen oder Fahrräder reparieren. Schreiben Sie auch auf, wie viel Zeit

4

jede Aufgabe in Anspruch nimmt. Nicht schätzen, messen! Sind die Kinder alt genug, macht es ihnen viel Spaß, mit der Stoppuhr zu checken, wer am schnellsten die Spülmaschine ausräumen kann, ohne dass dabei nennenswert viel zu Bruch geht! Auch wenn das Listenschreiben erst mal zusätzlich Arbeit verursacht: Mit einer solchen Bedarfsliste können Sie ermessen, was und wann etwas zu tun ist. Zugleich ist die Liste eine gute Basis für die Verteilung der anstehenden Aufgaben (siehe Seite 122/123 »Wer macht was? Haushalt und Aufgabenverteilung im Haushalt«).

→ Definieren Sie Standards!

Wie viel Ordnung und Sauberkeit ist nötig? Bei diesem Thema gehen die Meinungen meist weit auseinander. Frauen lieben häufig die perfekte Haushaltsvariante, Männer sehen das dagegen oft ein bisschen lockerer. Pubertierenden Jugend-lichen kann es in der Regel nicht müllig genug sein (»Mama, wenn du hier aufräumst, finde ich nichts wieder!«). Kleine Kinder lieben Ordnung und werden von ihr magisch angezogen: Sie ziehen zum Spielen immer dorthin, wo noch freie Fläche ist. Denn da können sie sich so richtig schön verwirklichen, indem sie jeden freien Quadratzentimeter erneut mit buntem Kinderzeug füllen … Es gilt also, eine Übereinstimmung zu finden, mit der alle Familienmitglieder leben können.

Sollten Mann und Kinder auf die Idee kommen, die Mehrheit würde entscheiden, und ab sofort sei Schluss mit Putzen und Aufräumen, so hilft eine vernünftige Argumentationskette. Niemandem macht es schließlich Spaß, dauernd auf herumliegende Legosteine zu treten, in der Küche an alten Marmeladenresten festzukleben und sich im Badezimmer durch Berge von Badetieren, Handtüchern und alten Socken hindurch mühsam den Weg zur Dusche freizukämpfen.
Sollte das nicht funktionieren, lohnt es, für zwei Wochen ein eisernes Nervenkostüm anzuziehen und der Anarchie einen Probelauf zu geben. Keinen Finger zu krümmen und der Familie Gelegenheit geben, im eigenen Chaos zu versinken, kann durchaus amüsant sein. Tipp: Die Videokamera bereithalten! Spätestens, wenn niemand mehr saubere Socken hat, man sich nirgendwo mehr hinsetzen kann und die Lieblingsspielzeuge unauffindbar sind, wird die Familie bereit sein, sich wieder zu Verhandlungen zusammenzufinden. Jeder sollte dabei seine Bedürfnisse äußern, für kleine Kinder definieren natürlich wir Eltern diese. Wir Mütter müssen uns dann vielleicht damit abfinden, dass unsere Standards nicht in allen Belangen erreicht werden. Wenn wir unseren individuellen Familienordnungsanspruch gefunden haben, kann es losgehen mit der Verteilung der Aufgaben.

→ Organisieren Sie sich Hilfe!

Die angenehmste, schnellste und einfachste Lösung ist es, einen Teil oder sogar die gesamte Hausarbeit an Dritte abzugeben. Je nach beruflicher und finanzieller Situation kann das eine gute Entscheidung sein: Sind beide Eltern sehr intensiv beruflich eingebunden, ist es wichtig, so viel Zeit wie möglich für die Familie (oder auch mal für sich selbst) freizuschaufeln. Wer es sich aus eigenen Mitteln entspannt leisten kann, für den ist eine Haushälterin natürlich die Patentlösung für ein angenehmes und gemütliches Zuhause. Eine »normale« Familie mit einem Durchschnittseinkommen kann es vielleicht schaffen, zusätzlich zu den täglichen Basics zumindest ein Mal pro Woche eine Putzhilfe zu beschäftigen, die sich um die Grundreinigung kümmert. Dafür die Kosten aufzubringen, ist vielleicht nur eine Frage der Prioritäten: Klar kostet eine Putzhilfe Geld – aber im Zweifel kosten ein paar Stunden Unterstützung in der Woche auch nicht mehr, als einmal mit der Familie essen zu gehen. Und die überwiegende Mehrheit wird als Familie gern in einem gemütlichen, sauberen Zuhause Spaghetti essen, anstatt nach dem Restaurantbesuch ins heimische Chaos zurückzukehren.

ERFAHRUNGSBERICHT

MAREN: *Die beste Putzszene der Welt gibt es im berühmtesten Kinderbuch der Welt: Pippi Langstrumpf schrubbt ihren Boden mit den Füßen und flitzt auf Bürsten wie auf Schlittschuhen hin und her. Eine prima Inspiration! Putzen und Aufräumen kann man auch spielerisch nehmen. Wir machen z.B. Zielwerfen in die Legosteinkiste, spielen Gespenst beim Bettenbeziehen, machen Samstags eine Power-Putzaktion und hören dabei laute Musik. So lernen die Kinder: Der Job muss gemacht werden, und natürlich sollen sie helfen, schließlich sind sie Teil der Gemeinschaft. Aber nichts auf der Welt hindert uns daran, auch während der Hausarbeit zusammen eine gute Zeit zu haben!*

→ Die Kosten

Eine gute Putzhilfe bekommt normalerweise um die 10 Euro pro Stunde (je nach Region), hinzukommen Sozialabgaben und Krankenversicherung.
Es gibt unterschiedliche Modelle, eine Putzhilfe gesetzlich zu beschäftigen: Entweder auf Mini-Job-Basis oder die Putzhilfe stellt eine Rechnung und versteuert ihre Einkünfte selbst. Detaillierte Auskunft zu der für beide Seiten günstigsten Lösung erteilen Steuerberater oder das Finanzamt, sie infomieren ebenso über die Möglichkeiten der steuerlichen Absetzbarkeit von Haushaltshilfen (Internetadressen siehe Seite 172, »Hilfen und Helfer/Haushalt«).

Als Familie gemeinsam eine Lösung finden

Abhängig vom Grad der Unterstützung durch Putzhilfe & Co gibt es immer noch einen Teil an Arbeiten, die Sie selbst erledigen müssen. Selbst mit dem Rundum-Sorglos-Paket einer Haushälterin gilt es, eine Lösung für Wochenende und Urlaubszeiten zu finden – und auch aus pädagogischen Gründen sollten Sie es bevorzugen, dass Ihre Kinder (und als Vorbilder Sie als Eltern) einen Teil der häuslichen Aufgaben selbst erledigen. Den Bedarf, was zu tun ist, haben Sie inzwischen ermittelt (siehe Seite 117/118). Jetzt heißt es abstimmen, wer was macht. Nach Vorlieben zu verteilen ist natürlich das Beste, vor allem wenn die Vorlieben sich ergänzen. Trauen Sie Ihren Kindern ruhig einiges zu: Ab drei Jahren können sie durchaus schon feste Aufgaben übernehmen wie Zimmer aufräumen, Betten machen oder schmutzige Kleidung in den Wäschekorb räumen. Klare Ansagen sind dabei allerdings sehr wichtig. Definieren Sie besser eindeutig »Du räumst jeden Abend alle Legosteine ein« als allgemein zu sagen »Du räumst jetzt auf«. Bei all dem sollte nicht Perfektion der elterliche Maßstab sein. Es geht vielmehr darum, dass Kinder lernen, dass zum Leben selbstverständlich auch Pflichten gehören. Bleiben am Ende des Aufteilens noch Jobs übrig, die niemand will, können sie unter großem Hallo verlost und dann alle drei Monate gewechselt werden.

→ Ein gutes System etablieren

Ordnung zu halten ist einfacher, wenn es dafür ein System gibt. Übersichtliche, mit Bildern gekennzeichnete Boxen fürs Kinderzimmer, die auch für kleine Hände gut zu erreichen sind, helfen enorm. Auch für den Rest des Haushalts gilt: Wenn jedes Ding einen gut erreichbaren Platz hat, ist auch blitzschnell aufgeräumt. Heimatloses Zeug sollten Sie entweder entsorgen oder ihm einen festen Platz zuweisen.

→ Den Haushalt schlank halten

Es ist eigentlich ganz einfach: Wo weniger Sachen sind, da ist auch weniger Chaos. Die Teile, die ein durchschnittliches Kinderzimmer beherbergt, vermehren sich monatlich um eine Summe X, und X liegt oft mindestens im dreistelligen Bereich. Deshalb sollten Sie mit Ihrem Kind das Zimmer regelmäßig entschlacken. Diverse Figuren, gesammelte Stöckchen und Steinchen, Bilder, Aufkleber, Knetemännchen, Gimmicks: Kinderschnickschnack jeder Art dürfen kommen – aber auch wieder gehen. Selbst wenn die Kinder protestieren und sich von nichts trennen mögen: Jedes Kleinkind versteht, dass neue Sachen nur dann ins Kinderzimmer passen, wenn Platz dafür ist. Und »neue Sachen« – welches Kind ist darauf nicht scharf? Auch für den Rest des Haushalts gilt: Überprüfen Sie, was noch in Ihr Leben passt und was Sie wirklich brauchen. Meist ist das viel weniger, als Sie annehmen.
Sie werden feststellen: Es ist ein unglaublich befreiendes Gefühl, nur noch die Dinge zu besitzen, die man wirklich benötigt oder die einen (Erinnerungs-)Wert haben!

ERFAHRUNGSBERICHT

ASTRID: *Ich teile den Kindern klare Zuständigkeiten zu. Früher gab es bei uns immer Streit darum, welches Kind am meisten und besten aufgeräumt hat. Jetzt hat jedes unserer Kinder einen eigenen Verantwortungsbereich. Paula räumt immer die Legosteine ein, Carla ist für den Maltisch und die Stifte zuständig, Elena kümmert sich um die Bücher und Stofftiere, und seinen Schreibtisch hält jedes Kind selbst in Ordnung. Seitdem wir diese Regeln haben, klappt das Aufräumen reibungslos.*

→ Locker bleiben!

Perfektion ist etwas für Hochglanzmagazine und sollte in einem gesunden, bunten Familienleben keinesfalls das Maß aller Dinge sein.
Eine gute Mischung, um in Sachen Haushalt gelassen zu sein, besteht aus einem Drittel guter Organisation, einem Drittel Selbstdisziplin und einem Drittel lässigem Drüberhinwegsehen, wenn eben doch mal nicht alles so blitzsauber aussieht, wie wir es gern hätten.

TIPP

Wer macht was? Haushalt und Aufgabenverteilung

Grün: Das können schon die Kleinsten Blau: Gut geeignet für Kinder ab drei Jahren
Lila: Macht Spaß als Familie Rot: Jobs für die Großen und ältere Kinder

Tragen Sie bei der jeweiligen Aufgabe ein, wer sie wann ausführen muss.
Tipp: Kopieren Sie die Liste und hängen Sie sie an einer für alle sichtbaren Stelle auf!

		Wer?	Wann?
Küche	Frühstückstisch decken		
	Küche aufräumen		
	Müll runtertragen		
	Alle Flächen abwischen		
	Teller in den Geschirrspüler stellen		
	Stühle abwischen		
	Geschirrspüler einräumen		
	Geschirrspüler ausräumen		
	Essen kochen		
	Alle vier Wochen Generalreinigung der Schränke, Flächen, Küchenlampen etc		
Bad	Handtücher ordentlich aufhängen		
	Zahnbürsten säubern, Zahnpasta zudrehen und wegräumen		
	Klopapier nachfüllen, leere Rolle ins Altpapier		
	Waschbecken putzen und polieren*		
	Badewanne reinigen		
	Toilette reinigen		
	Fußboden wischen		
Flur	Alle Schuhe und Spielzeug beiseiteräumen		
	Jacken aufhängen		
	Flur fegen oder saugen**		
	Bei glatten Böden: Flur wischen		
	Schuhe wieder ordentlich hinstellen		
Wohnzimmer	Kinderspielzeug wegräumen		
	Zeitschriften in den Zeitschriftensammler oder zum Altpapier		
	Sofa absaugen		
	Sofakissen ordentlich hinlegen		
	Staub wischen		
	Tisch freiräumen		

		Wer?	Wann?
	Tisch abwischen (Glasreiniger nur für große Kinder!)		
	Teppich saugen / ggf. Boden wischen		
Schlafzimmer***	Aufräumen		
	Betten machen		
	Betten/Kissen beziehen		
	Nachttische etc. abwischen		
	Staubsaugen / wischen		
Kinderzimmer	Spielzeug in (bebilderte) Kisten einräumen		
	Malstifte in die vorgesehenen Behälter legen		
	Gemalte Bilder Mama geben (für Bildermappe) oder an eine Bilderleine anhängen		
	Kuscheltiere ordentlich aufs Bett setzen oder in einem Netz sammeln		
	Staub wischen		
	Schmutzwäsche in den Wäschekorb werfen		
	Bücher ins Bücherregal einsortieren		
	Staubsaugen (unter Aufsicht)		
	Fussboden wischen		
	Betten machen		
	Kissen beziehen		
	Bettdecken beziehen		
Sonstiges	Wäsche nach Farben sortieren		
	Wäsche waschen (vorher nachsortieren)		
	Wäsche aufhängen		
	Wäsche zusammenlegen (kleine Kinder nehmen Handtücher u.ä.)		
	Wocheneinkauf / Leergut wegbringen		
	Altpapier wegbringen		
	Treppenhaus fegen und wischen		
	(Balkon)Pflanzen gießen		
	Keller / Garage / Dachboden aufräumen		
	Gartenarbeit		
	Auto waschen		
	Fahrräder putzen/reparieren		
	Handwerksarbeiten		

* Achtung: Kinder das Waschbecken mit Kindershampoo reinigen lassen!

** Achtung: Kinder nur unter Aufsicht staubsaugen lassen – auf herumkrabbelnde Geschwisterkinder achten!

*** Klar sind wir ein Vorbild: Eltern sorgen selbst für »ihr« Zimmer!

Essen hält Leib und Familie zusammen

Gemeinsame Mahlzeiten sind die Gelegenheit, um als Familie zusammen am Tisch zu sitzen, zu lachen und zu spüren, dass man zusammengehört. Sich in entspannter Atmosphäre um einen Tisch zu versammeln ist ein wertvoller Ausgleich für einen Tag, an dem alle in verschiedene Himmelsrichtungen verstreut waren. In einem hektischen Alltag zwischen Beruf und Familie ist es jedoch manchmal gar nicht so einfach, die Familie an einen Tisch zu bringen und dann auch noch eine gesunde Mahlzeit aufzutischen.
Oft reichen schon ein wenig Planung und ein paar gute Tricks aus, um trotz wenig Zeit fürs Einkaufen und zum Kochen gemeinsam gesund zu essen. Hier sind unsere besten Vorschläge.

Mehr Zeit fürs Essen

→ Frühstart für alle!

Das Frühstück gilt zu Recht als die wichtigste Mahlzeit des Tages: Wer morgens die Energiereserven auffüllt, hat am Vormittag kein Leistungstief.
Unser Tipp für Eltern: Statt selbst nur einen Schluck Kaffee zu trinken, lieber 15 Minuten mehr Zeit einplanen und mit den Kindern frühstücken. Etwas Obst, ein paar Vollkornflocken mit Milch oder Joghurt, mehr braucht es nicht. Die gemeinsamen ruhigen Minuten am Morgen tun der ganzen Familie gut. So haben alle einen entspannten und energiereichen Start in den Tag!

→ Zeitinseln schaffen

Wenn Sie es vielleicht nicht schaffen, jeden Abend als Familie gemeinsam zu essen: Zwei bis drei Mal pro Woche sind in den meisten Familien durchaus möglich. Tipp: Planen Sie für die gemeinsamen Abendessen rund 45 Minuten als Zeitinsel fest ein, und tragen Sie diese als Termin für alle in den Familienkalender ein!

→ Wochenende: Mehr Zeit zum Genießen

Das Wochenende bietet eine Reihe an Gelegenheiten, gemeinsame Mahlzeiten in Ruhe zu genießen. Ein ausgiebiges Frühstück mit Brötchen, Ei und frisch gepressten Säften. Oder mal ein aufwendigeres Abendessen kochen und gemeinsam ganz neue Rezepte ausprobieren. Viel Spaß macht es auch, bei sonnigem Wetter einen Picknickkorb zu packen und ins Grüne oder an den nächsten Strand zu fahren: An der frischen Luft schmeckt alles besser, und die Kinder haben Gelegenheit, nach dem Essen herumzuspringen und zu toben. Wir Großen können uns dann mal ausstrecken, einfach nur in den Himmel schauen und vor uns hin träumen oder gemütlich die Zeitung lesen.

→ Kochen als Familienevent

Kinder helfen gern in der Küche und sind stolz, wenn sie kleine Gerichte schon ganz selbstständig kochen können. Gemeinsam einkaufen gehen, gemeinsam kochen, gemeinsam essen: So schmeckt es allen doppelt gut. Nützlicher Nebeneffekt: Die Kinder erwerben Fähigkeiten, die sie später bestimmt gut brauchen können.

Einkaufen für die Familie

So ein Familieneinkauf erfordert schon einigen logistischen Aufwand! Immer wieder staunen wir Eltern, welche Mengen an Nahrung in kleinen Kindermägen verschwinden, und wie viel wir Woche für Woche ins Haus schleppen. Bei geschickter Planung kann man sich das Leben hier deutlich erleichtern:

→ Nicht ohne meine Liste!

Gut geplant ist halb gekauft. Haben Sie eine Liste, die Sie mitnehmen, wird nichts vergessen, und der Einkauf geht viel schneller. Ideal ist eine Standardliste im Computer, die man um die sonst noch fehlenden Dinge ergänzt und ausdruckt. Denn die meisten Dinge des täglichen Bedarfs wiederholen sich Woche für Woche, werden aber trotzdem gern vergessen, wenn man sie nicht aufschreibt.

Tipp: Über die Woche auf einer Tafel in der Küche notieren, was im Haushalt aktuell fehlt, und das Ganze vor dem Einkauf auf die Liste übertragen!

→ Hamster spielen

Die Zutaten für ausgewählte Familienlieblingsessen auf Vorrat einkaufen! Statt einen Riesenvorrat an Küchenbasics zu haben, aus denen man dann häufig doch nichts Rechtes kochen kann, lieber planen: Was essen alle gern? Was davon lässt sich gut bevorraten und schnell zubereiten? Gezielt die Zutaten, die fürs Lieblingsessen nötig sind, in größeren Mengen einkaufen und eventuell einfrieren.

→ Power Shopping

Einmal pro Woche einkaufen, dann aber richtig. Gehen Sie am besten antizyklisch vor: Wenn möglich, nicht am Samstag oder nach Feierabend einkaufen, denn zu jeder anderen Zeit geht der Einkauf entspannter und schneller. Wer sich mangels zeitlicher Alternativen doch in die Warteschlangen am Wochenende einreihen muss, sollte den iPod nicht vergessen. Die eigene Lieblings-Playlist macht gute Laune und ist ein angenehmerer Einkaufsbegleiter als Supermarkt-Fahrstuhlmusik oder Werbejingles zu Fleischsonderangeboten.

→ Lassen Sie sich beliefern!

Schwere Getränkekisten, (Bio-)Obst und Gemüse – und sogar ein kompletter Wocheneinkauf: Es gibt viele Angebote, sich Dinge des täglichen Bedarfs nach Hause liefern zu lassen. Dieser Service kostet nicht viel extra, kann aber das Leben ungemein erleichtern.

INFO

Lieferservice

- www.amorebio.de → Liefert Bio-Qualität in24 Stunden.
- www.food-shop24.com → Einkaufen per Mausklick
- Biokiste: Frisches Obst und Gemüse der Saison, jede Woche im Abo ins Haus. »Biokiste« oder »Ökokiste« und den Wohnort in die Internet-Suchmaschine eingeben – dort finden sich regionale Anbieter.

Spaßig statt spießig: Tischkultur für die ganze Familie

Der Alltag zwischen Familie und Job ist oft ungewollt von Hektik geprägt. Das macht sich manchmal auch beim Essen bemerkbar: Müsli für alle zum Frühstück, mittags essen die Kinder im Kindergarten und die Großen in der Kantine und abends gibt es schnell eine Scheibe Brot. Dabei sind gemeinsame Mahlzeiten gerade für eine Familie mehr als nur die bloße Aufnahme von Nährstoffen. Essen ist Genuss, Gemeinschaft, und auch wenn es vielleicht ein bisschen antiquiert klingt: Essen ist ein Teil der Kultur, die wir unseren Kindern vermitteln. Grund genug, Wert auf die gemeinsamen Mahlzeiten zu legen und nicht nur darauf zu achten, was sondern auch wie wir essen. Dabei geht es natürlich nicht um steife Sitten, sondern darum, gemeinsame Mahlzeiten für die ganze Familie zu einem fröhlichen, positiven Erlebnis werden zu lassen.

→ Tischdekoration

Teures Porzellan, Leinenservietten und Blumenbouquets? Die wenigsten von uns haben Zeit oder Lust, einen solchen Aufwand zu betreiben. Aber eine liebevolle, freundliche und familiengerechte Tischdekoration gefällt Kleinen und Großen, und ist auch ohne viel Aufwand schnell gemacht (Tipps dazu siehe nächste Seite).

→ Gutes Essen, gute Laune

Zu einem leckeren Essen gehört auch eine gute Stimmung. Den Rahmen dafür können Sie gemeinsam schaffen, indem Sie als Familie verabreden: Bei Tisch werden keine negativen Themen angeschnitten wie unaufgeräumte Kinderzimmer, nicht erledigte Hausaufgaben oder der Kinderstreit von vorhin. Fast nichts ist so wichtig, dass wir es nicht auch nach dem Essen in aller Ruhe klären könnten. Denn bei guter Stimmung schmeckt es allen besser.
Üben Ihre Kinder noch, sich gut zu benehmen? Statt sie zu ermahnen, gerade zu sitzen oder nicht zu bekleckern, sollten Sie erwünschtes Verhalten bei Tisch positiv verstärken: »Toll, wie gerade du die letzten fünf Minuten gesessen hast!« »Dein T-Shirt ist ja noch sauber, trotz Spaghettisauce! Super!«

→ Manieren? Ja!

Jedes Essen wird zu einem wahren Genuss, wenn alle sich bei Tisch wohlfühlen können. Dazu gehören selbstverständlich auch ein paar grundlegende Tischmanieren. Natürlich verlangen wir von unseren Kindern nicht, zu sitzen als hätten sie einen Besenstiel verschluckt. Auch Sprüche wie »Kinder soll man bei Tisch sehen, aber nicht hören« sind längst passé. Zumal eine entspannte Konversation bei Tisch für Eltern eine gute Gelegenheit ist, das Neueste aus der Welt unserer Kinder zu erfahren. Aber es ist schön, wenn alle ihr Essen in Ruhe genießen können. Manieren für gemeinsames Essen kann man mit ein bisschen Konsequenz und spielerischer Leichtigkeit einüben:

- Angefangen wird erst, wenn alle sitzen. Ein Tischspruch oder ein gemeinsames »Guten Appetit« gibt den Startschuss.
- Grundsätzlich ist es netter, wenn alle sitzen bleiben, bis jedes Familienmitglied

fertig ist. Sonst entsteht für langsamere Esser eine sehr große Unruhe. Wenn ein Kind während des Essens viel zappelt oder häufig aufspringt, hilft es, den Teller ohne großes Aufhebens konsequent abzuräumen – auch wenn es vielleicht erst einmal heftigen Protest gibt, weil das Kind noch weiteressen wollte: Nach zwei, drei Malen hat es gewiss verstanden und gelernt:

»Solange wir alle essen, sitze ich ruhig am Tisch.« Schließlich kann man ja nach dem Essen wieder spielen und toben nach Herzenslust.

Selbstverständlich helfen alle Familienmitglieder beim Tischdecken und natürlich auch beim Abräumen. Kleine Belohnungen motivieren die Kinder, von sich aus dran zu denken.

TIPPS

Liebevolle Tischdeko, schnell gemacht

- Auf dem Heimweg ein paar Blümchen pflücken. Wer keine Wiese mit Blumen in der Nähe hat, kauft ein paar einfache Schnittblumen.
- Hübsche Papierservietten gibt es in vielen Mustern und Farben. Aber auch weiße Servietten machen viel her in von den Kindern gebastelten Serviettenringen oder selbst gemachten Stoffschleifen.
- Kerzen sorgen für ein stimmungsvolles Licht. Es müssen ja keine Leuchterkerzen sein, die kippen wirklich zu schnell um. Teelichter in schützenden Gläsern sind ebenso schön und eine sichere Sache. Trotzdem vorsichtig sein: Kinder mit Kerzen nicht allein im Raum lassen, nach dem Essen nicht vergessen: Auspusten (machen die Kinder)!
- Erklären Sie die Tischdeko zur Kindersache! Lassen Sie sich von der Kreativität Ihrer Kleinen einfach überraschen: Da entstehen plötzlich Arrangements aus Playmobil-Männchen, Knetgummitiere, lustige Basteleien ... Die halbe Stunde vorm Abendbrot ist ideal für ein wenig Stillbeschäftigung. Bestimmt haben die Kleinen Lust, in dieser Zeit den Tisch zu verschönern! Unter einer Bedingung: Teller, Gläser und das Essen müssen noch Platz haben!
- Statt Plastikkinderteller mit Bärchen gibt es inzwischen jede Menge schönes, schlichtes Melamingeschirr in tollen Farben, das auch den Großen gefällt. So können auch schon die Allerkleinsten beim Tischdecken helfen – denn nichts kann kaputtgehen!

Gesund und lecker essen mit wenig Zeit

→ Auf Qualität achten

Gesundheit fängt beim Einkauf an: Ohne mehr an Gewicht zu schleppen, tragen Sie bei guter Auswahl mehr Nährstoffe in den Einkaufstaschen nach Hause. Bei Obst, Gemüse und Brot gilt es auf Frische und auf (Bio-)Qualität zu achten. Ein frischer Apfel aus der Region hat wahrscheinlich mehr Nährwert als ein weit gereister aus Südamerika. Und ein frisches Vollkornbrot vom (Bio-)Bäcker schmeckt einfach super und liefert auch noch viele Mineralstoffe und Vitamine.

→ Vitamine auf Vorrat

Frische und gesunde Zutaten kann man dank Tiefkühlkost jederzeit haben. Tiefkühlgemüse und -beeren werden erntefrisch eingefroren und liefern jede Menge Vitalstoffe. Viele Gerichte können Sie am Wochenende in doppelter Menge kochen. Die Hälfte einfrieren, so hat man in der Woche fix etwas Gutes auf dem Tisch!

→ Pizza goes Power

Der Tag war lang, die Zeit ist knapp – und wir brauchen unbedingt etwas Warmes? Manchmal muss es dann einfach eine Fertigpizza sein. Einfach ein bisschen frisches Gemüse drauflegen wie Paprika, Tomate, Peperoni … oder nach dem Backen mit Rucola bestreuen. Das ist nicht nur lecker, sondern wertet auch noch das Nährstoffkonto ein bisschen auf.

→ Auswärtsspiel

Zu müde zum Kochen? Der Kühlschrank ist leer? Warum nicht einfach mal mit der ganzen Familie essen gehen? Schließlich gibt es genügend nette kleine Restaurants, in denen man auch mit Kindern gern gesehen ist, und die nicht allzu teuer sind.

4

ERFAHRUNGSBERICHT

ASTRID: *Wir gehen regelmäßig mit den Kindern essen. Damit wir uns bei so einem Anlass alle wohl fühlen, haben wir bei den ersten Malen vorher zu Hause die Regeln besprochen: Am Tisch sitzen bleiben, in moderater Lautstärke sprechen … so was. Es hat dann von Mal zu Mal besser geklappt. Damit die Wartezeit aufs Essen den Kindern nicht lang wird, nehme ich ins Restaurant immer ein paar Buntstifte und kleine Malbücher mit.*

EXTRA

Fit-Tipps für Kids

→ Kinder gesund zu ernähren ist gar nicht so einfach. Die meisten Kleinen finden Gemüse beispielsweise eher langweilig. Unsere Erfahrung: Es wird interessant, sobald sie es reizvoll angeboten bekommen und beim Vorbereiten helfen dürfen.

Gesund-Snacks statt Zuckerbomben

Kinder snacken gern – und zwar meist Süßigkeiten. Man kann aber dafür sorgen, dass der Zuckerkonsum auch dabei in Grenzen bleibt: Reiswaffeln mit dünner Schokoschicht, Dinkelcracker, Fruchtgummi ohne Farbstoffe und ohne Gelatine oder dunkle Schokolade sind akzeptable Alternativen, die Kinder mögen, Obststückchen in Schokolade getaucht ebenfalls.

Dem Hunger eine Chance lassen

Manchmal ist es einfach noch eine Angewohnheit aus der Babyzeit: Die Kleinsten haben kleine Mägen und müssen deswegen tatsächlich häufiger essen. Diese Angewohnheit hält sich oft noch bis ins Kindergartenalter. Doch viele kleine Snacks über den Tag verteilt sorgen dafür, dass das Kind zu den Mahlzeiten schon satt ist.
Tipp: größeren Kindern am Nachmittag nur einen Apfel, ein paar Cracker oder vielleicht ein Eis anbieten – und schon schmeckt das Abendessen richtig gut!

Gemüse mit Tarnkappe

Manche Kinder essen einfach kein Gemüse. Da ist Mogeln ausnahmsweise mal erlaubt. In eine Tomatensauce lassen sich locker ein, zwei Möhrchen hineinschummeln (vorher kochen und pürieren). Winzig klein geschnitten verschwindet alles mögliche Gemüse im Auflauf. Gemüseburger schmecken genauso lecker wie die Fleischvariante – und (Bio-)Ketchup dazu ist natürlich o.k. Und noch ein Tipp: Klein geschnittene Rohkost (Möhren, Gurken, Tomaten) essen fast alle Kinder gern!

Schnell noch ein warmes Essen am Abend

Eine typische Alltagssituation, die viele kennen: Es ist 18:30 Uhr, die Familie kommt nach einem langen Tag nach Hause, und alle sind hungrig und müde. Manchmal muss es zum Abendessen einfach mehr sein als nur eine Scheibe Brot – doch wer hat jetzt noch Lust, aufwendig zu kochen?

Der Ausweg: Legen Sie sich eine Sammlung möglichst einfacher Rezepte zu, die sich leicht aus (haltbaren) Vorräten oder wenigen frischen Zutaten zubereiten lassen. Die meisten Familien finden im Lauf der Zeit ihre eigenen Lieblingsrezepte heraus. Als Anregung haben wir für Sie einige von unseren erprobten Rezepten auf den nächsten zwei Seiten zusammengestellt: Sie sind kinderleicht zuzubereiten, blitzschnell gemacht, schmecken garantiert der ganzen Familie und sind obendrein noch gesund. Probieren Sie doch einmal die schnellste Kinderpasta der Welt (die auch Erwachsenen schmeckt) – Sie werden es kaum glauben, in welch kurzer Zeit Nudeln mit köstlicher Tomatensoße auf dem Tisch stehen können!

Aufwendigere Gerichte kann man dann ja zusammen in Ruhe am Wochenende kochen.

Mehr Frische, bitte!

Haltbare Vorräte wie beispielsweise Pasta, Reis oder Käse sind meist sowieso im Haus – aber Ihnen fehlen frische Zutaten zum richtigen Küchenglück? Mit ein paar Tricks können Sie dafür sorgen, dass Gemüse und Co auch bei wenig Zeit nicht zu kurz kommen ...

- Ein kleiner Kräutergarten auf der Fensterbank oder auf dem Balkon sorgt für schmackhafte Abwechslung und dafür, dass immer ein bisschen frisches Grün da ist. Wenn die Kinder selbst gießen und ernten dürfen, mögen sie übrigens fast alle Kräuter ...
- Tiefkühlgemüse: Hier gibt es eine reiche Auswahl. Beschaffen Sie sich einen großen Vorrat und gehen Sie kreativ damit um. Warum nicht mal einen herzhaften Pfannkuchen mit Erbsen, Speckwürfelchen und geriebenem Käse machen? Das sieht toll aus und schmeckt auch den Kleinen! Einige Obstsorten wie Beerenfrüchte sind wunderbar als Tiefkühlversion geeignet.
- Manche Obst- und Gemüsesorten halten sich eine ganze Weile und können frisch auf Vorrat gekauft werden: Äpfel, Orangen, Kohlrabi, Kürbis, Zucchini, Kohl und viele andere.

4

Die schnellste Kinderpasta der Welt

pro Erwachsener etwa 125 g, pro Kind etwa 100 g kurze (Vollkorn-)Nudeln, z.B. Penne, Farfalle, Rigatoni | ½–1 Tube Tomatenmark (1-fach konzentriert, Bio schmeckt besser!) | 1–2 EL Butter | Meersalz | geriebener Parmesan | gehackte Kräuter nach Belieben

In einem Topf Salzwasser zum Kochen bringen. Die Pasta hineingeben und nach Packungsanweisung bissfest garen.
In ein Sieb abgießen, dann wieder in den Topf geben. Je nach Nudelmenge Tomatenmark, Butter und Salz (nach Geschmack) zur Nudelmischung geben und untermischen.
Das Ganze etwa 2 Minuten erhitzen; dabei gut umrühren – fertig!

Dieses Gericht schmeckt Kindern und Erwachsenen gleichermaßen!

Ofenkartoffeln mit Sour Cream und Gemüsesticks

pro Person 2–3 (Bio-)Kartoffeln | 250–500 g Quark (20 % Fett i.Tr.) | ½ Becher Crème fraîche (75 g) | TK-Kräuter oder frische Kräuter von Balkon oder Garten | Meersalz | geputztes Gemüse, z.B. Paprika, Gurke, Möhre, Stangensellerie

Kartoffeln (ungeschält) am Vorabend kochen. Nach dem Abkühlen in Alufolie wickeln und in den Kühlschrank legen. Beim abendlichen Heimkommen die Kartoffeln im 200 °C (Umluft 180 °C) heißen Ofen 20 Minuten lang erhitzen.
Inzwischen Quark mit Crème fraîche, Kräutern und Salz verrühren. Gemüse in Sticks schneiden. Vor dem Servieren die Kartoffeln in der Folie mit einem Messer längs einschneiden. Sour Cream in den Einschnitt geben. Die Gemüsesticks zum Knabbern dazu reichen.

Maultaschen, Rührei und Salat

pro Person 3 Maultaschen (beliebig gefüllt), in Scheiben geschnitten | Öl zum Braten | pro Person 1 Ei | Salz und Pfeffer | evtl. etwas Milch
FÜR DEN SALAT pro Person 1 Handvoll Salatblätter | 1 gewürfelte Tomate oder 1 Handvoll Cocktailtomaten | ¼ Gurke in Scheiben | 50 g Feta gewürfelt | 25 g geröstete Sonnenblumenkerne | 1 EL Balsamico-Essig | 2 EL (Oliven-)Öl | Salz | Pfeffer

Salatblätter, Gemüse und Käsewürfel in einer Schüssel mischen. Sonnenblumenkerne darüberstreuen. Essig, Öl, Salz, Pfeffer verrühren. Über den Salat gießen; mischen. Etwas Öl in einer beschichteten Pfanne erhitzen, Maultaschen knusprig braten. Eier mit Salz, Pfeffer und evtl. Milch verquirlen, zugeben; stocken lassen. Mehrmals rühren. Mit Salat servieren.

Süß & gesund: Heidelbeer-Bananen-Pfannkuchen

pro 4 Personen 75 g Zucker | 1 Pck. Vanillezucker | 2 Prisen Zimt | 4 Eier | 200 g Weizenvollkorn- oder Dinkelmehl Type 1050 | 200 ml Milch | 1 Banane | 4 EL Heidelbeeren (frische gewaschen, tiefgekühlte angetaut) | 1 EL + 3 TL Öl zum Braten | Honig, Ahornsirup oder Puderzucker

Aus Zucker, Vanillezucker, Zimt, Eiern, Mehl und Milch einen glatten Teig rühren. Banane schälen und klein schneiden. Mit den Heidelbeeren unter den Teig mischen. Für den ersten Pfannkuchen 1 Esslöffel, für alle weiteren Pfannkuchen 1 Teelöffel Öl in einer beschichteten Pfanne erhitzen. Pro Pfannkuchen 5 Esslöffel Teig in die Pfanne geben, das Obst darauf verteilen. Die Pfannkuchen nacheinander von beiden Seiten goldbraun backen. Mit Honig, Ahornsirup oder Puderzucker servieren.

Auszeit! So tanken Mütter wieder Kraft

Kinder, Job, Partnerschaft: Das volle, bunte Leben ist klasse, aber auch ziemlich anstrengend. Deshalb ist es wichtig, ab und zu auch mal an sich selbst zu denken. Nur wer seine Batterien regelmäßig wieder auflädt, kann anderen etwas geben. Deshalb ist es keinesfalls egoistisch, wenn wir fordernde Chefs, anhängliche Kinder und liebende Männer gelegentlich vertrösten und sagen: »Wisst ihr was? Ich hab jetzt keine Zeit. Ich muss mich jetzt mal um mich selbst kümmern.«

Von langen Auszeiten wie Wellness- oder Verwöhnwochenenden oder gar einer ganzen Woche Urlaub ohne Kinder können arbeitende Mütter allerdings meist nur träumen. Doch trösten wir uns: Das Leben ist noch lang, und längere erholsame Phasen können wir ja später wieder genießen. Statt der großen, umfassenden Erholung nachzutrauern, hilft es, lieber kleine Entspannungsinseln in den Alltag einzubauen. Das tut gut und gibt neue Kraft!

Gönnen Sie sich mehr Entspannung im Alltag

Planen Sie **EIGENZEIT** ein: Es hilft ungemein, sich feste »Ich-Zeiten« in den Kalender zu schreiben. Ob Sport oder entspanntes Zeitungslesen: Steht eine Verabredung mit sich selbst im Terminkalender, nimmt man sie wichtig und nutzt sie auch!

Erstellen Sie sich eine **LISTE**, auf der steht, wie oder womit Sie sich am besten entspannen. Vom Fünf-Minuten-Verwöhnprogramm bis zum Tagesausflug: Haben Sie Ihre Lieblingsbeschäftigungen aufgelistet, fällt Ihnen leicht etwas ein, wenn sich überraschend mal ein kleines Zeitfenster auftut!

MITTEN IM TRUBEL EINFACH ABSCHALTEN. Wer es schafft, Kinderlärm und Hektik für einen Moment auszublenden, bleibt selbst mitten im größten Stress ruhig und gelassen. Beispiel: Im

Kindergarten ist beim Abholen ein Geräuschpegel wie im Bienenstock? Statt sich von dem Krach stressen zu lassen, stellen Sie sich besser einen echten Bienenstock vor Ihrem inneren Auge vor: eine schöne grüne Wiese, Sommer, Blumen … »Mama, kannst du mir helfen, meine Jacke zu finden?« »Klar, mein Schatz.« (entspanntes Lächeln).

☺ Lernen Sie, für **DIE KINDER LANGWEILIG ZU SEIN**. Mama ist immer da, hat immer eine tolle Spielidee, ist jederzeit bereit, die eigene Tätigkeit zu unterbrechen, um einen hohen Turm, ein selbst gemaltes Bild oder die neu erworbene Fähigkeit des Auf-einem-Bein-Hüpfens zu bewundern? Das ist toll – aber manchmal ist es auch o.k., auf die Frage »Spielst du mit mir?« zu antworten: »Du, mir fällt grad überhaupt nichts Tolles ein. Ich will einfach nur hier rumsitzen und nichts tun. Denk dir selbst was aus!«

☺ Setzen Sie **PRIORITÄTEN**. Die Schwiegermutter will uns Sonntag zum Kaffee sehen, der Chef hätte die Präsentation gern Montag morgen auf seinem Tisch, die Kinder wollen ins Spaßbad? Statt allen gerecht zu werden und dabei selbst auf der Strecke zu bleiben: Lieber überlegen, was gerade wirklich wichtig ist – und nur das tun, was Sie auch in Ruhe schaffen können!

☺ Nutzen Sie die Ruhephasen der Kinder, um ebenfalls **ZUR RUHE ZU KOMMEN**. Putzen Sie beim Mittagsschlaf der Kinder am Wochenende nicht die Küche, sondern ruhen Sie sich lieber selbst auch einen Moment lang aus. Die Küche können schließlich auch später alle gemeinsam aufräumen!

4

ERFAHRUNGSBERICHT

MAREN: *Ich bin wirklich von Herzen gern Mutter und verwende einiges an Energie darauf, meinen Kindern ihr Leben so abwechslungsreich wie möglich zu machen. Da ich auch meinen Job sehr gern mag und dafür viel Zeit brauche, gehe ich bei der Ich-Zeit momentan ein paar Kompromisse ein. Ich arbeite z.B. häufig abends und sehe Freunde deshalb eher nachmittags, zusammen mit den Kindern. Kontakt zu meinem sozialen Netzwerk halte ich ansonsten eher per Mail und Chat. Auch Kino, Partys und Ausgehen sind im Augenblick nicht so sehr im Fokus. Eins ist mir allerdings sehr wichtig und dafür finde ich auch immer Zeit: Ich gehe zweimal pro Woche morgens zum Sport. Yoga, Pilates, Schwimmen – das ist ideal für meine Körperbalance. Nach so einem Sport-Morgen fühle ich mich gesund und ausgeglichen und kann entspannt am Schreibtisch arbeiten.*

EXTRA

Die Hitliste für die totale Entspannung

- Die Kraft von YOGA nutzen. Ob eine Stunde oder nur fünf Minuten: Yoga entspannt in jeder Lebenslage und sorgt für ein positives Körpergefühl.

- Bei Autofahrten ein HÖRBUCH einschalten. Auf dem Parkplatz noch zehn Minuten sitzen bleiben, die Augen schließen und das Kapitel in Ruhe zu Ende hören.

- KURZ-VERWÖHNPROGRAMM: Statt einen ganzen Tag im Day-Spa zu verbringen, einfach eine Kurzbehandlung buchen. 45 Minuten Beauty-Treatment in der Mittagspause entspannen und sorgen den Rest des Tages für beste Laune!

- Abtauchen: WASSER reinigt Körper und Seele. Ob im Schwimmbad oder zu Hause in der Badewanne – der Kontakt mit Wasser tut Körper und Nerven rundum gut.

- MUSIK ist der schnellste Weg zur Entspannung und zu positiven Gefühlen. Je nach Stimmung ruhiger oder aufmunternd. Mama ist müde und richtig schlapp? Wozu hat man Kinder: Musik an und zusammen auf dem Teppich tanzen! Nach zehn Minuten sind die Lebensgeister wieder wach.

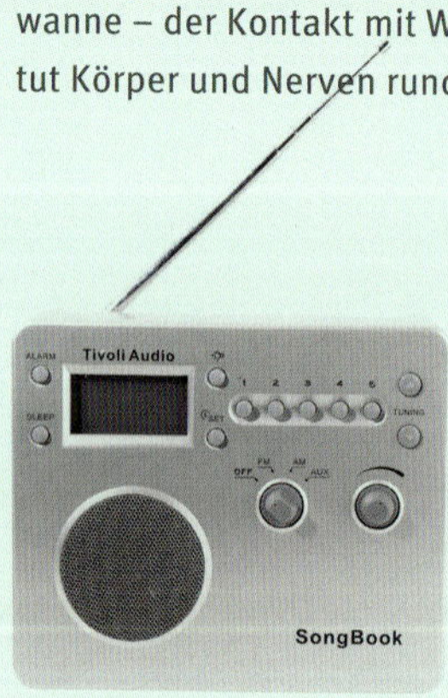

- **FAHRRAD** statt Auto: Wer mit dem Rad fährt, kann für eine Weile seinen Gedanken nachhängen – und bei der Ankunft hat man einen freien Kopf!

- **HEIMKINO**: Beine hochlegen und einen schönen Film oder die Lieblingsserie auf DVD schauen. Dazu einen entspannenden Kräutertee trinken.

- Im Sommer: Eine **TRETBOOT-TOUR** mit Mann und Kindern machen – und hinten wie eine Prinzessin sitzen, während die anderen strampeln!

- Zwischendurch kleine Momente der **RUHE FÜR ALLE** finden. Bei der Autofahrt zum Kindersport zum Beispiel den Kindern eine Aufgabe geben: »Jetzt überlegt sich mal jeder fünf Minuten lang, was am Wochenende am schönsten war« Ergebnis: Die Kinder werden ganz still und denken nach. Nach fünf Minuten erzählen alle.

- **ENTSPANNUNG AUS DER TUBE**: Nach einem langen Tag: Gesicht mit kühlem Wasser waschen, danach eine Maske auflegen, zehn Minuten aufs Sofa. Ahhhh!

- Kleiner Luxus, mit dem der Tag gut beginnt: Morgens den Wecker zehn Minuten früher stellen und einen **KAFFEE** oder **FRISCH GEPRESSTEN SAFT** im Bett trinken.

Alleinerziehend – nur Mut!

Rund 2,2 Millionen Mütter in Deutschland erziehen zur Zeit ihre Kinder weitgehend allein. Selbst wenn der Vater des Kindes aktiv in die Erziehung einbezogen ist und ein regelmäßiger Kontakt besteht: In der Realität hat der Nachwuchs seinen Lebensmittelpunkt meist bei der Mama, und damit trägt sie allein die Hauptverantwortung für die Erziehung und möglicherweise sogar für den Lebensunterhalt. Allein mit Kind zu sein, das ist für viele Mütter eine sehr schwierige Situation. Das bedeutet, viele Entscheidungen des Alltags allein treffen zu müssen. Alleinerziehende Mütter müssen sich selbst zu helfen wissen, wenn der Nachwuchs krank ist oder es Schwierigkeiten in Sachen Kindererziehung gibt. Zugleich sind sie besonders darauf angewiesen, dass im Job alles rund läuft. Denn schließlich ist ihre Arbeit nicht selten die (Haupt-) Lebensgrundlage ihrer kleinen Familie. Deshalb ist es klug, sich so viel Hilfe und Unterstützung wie möglich zu holen. Nur keine falsche Bescheidenheit: Es ist eine große Aufgabe, hauptverantwortlich für ein Kind da zu sein und zu arbeiten. Da ist es völlig in Ordnung, Kindsvater, Freunde, Eltern und Großeltern für das Wohlergehen von Kind und Mutter zu mobilisieren!

Getrennt leben – gemeinsam erziehen!

Erfahrungsgemäß beschränkt sich die Rolle des Vaters nach einer Trennung von der Mutter häufig darauf, für das Kind finanziellen Unterhalt zu leisten und jedes zweite Wochenende mit dem Nachwuchs zu verbringen. Es lohnt sich jedoch, auch nach einer Trennung über gemeinsame Erziehungsmodelle nachzudenken. Wenn es für die Eltern möglich ist, weiterhin gemeinsam für die Betreuung des Kindes zu sorgen, können alle profitieren: An erster Stelle das Kind, weil es zu den beiden Elternteilen intensiven Kontakt behält, zum anderen der Vater, weil er auch weiterhin im Alltag seines Kindes eine aktive Rolle spielt. Und schließlich Sie selbst, denn so stehen Sie mit der Verantwortung für Ihr Kind nicht völlig allein da.

➔ Klare Abmachungen treffen

Wenn Sie alleinerziehend sind und der Vater teilweise in die Kindererziehung einbezogen werden kann, sollte der Umgang mit dem Kind klar geregelt sein – er muss sowohl für Ihr Kind als auch für Sie planbar verlaufen. Abholzeiten und Nachhausebringen: Beide Elternteile müssen hierbei zuverlässig zu sein. So entsteht Klarheit und Verlässlichkeit, die Ihrem Kind und allen Beteiligten gut tut.

➔ Loslassen lernen

Dem Ex das Kind anzuvertrauen, nachdem die eigene Liebe enttäuscht wurde: Das ist manchmal gar nicht so einfach, besonders, wenn Sie sich schon getrennt haben, als Ihr Kind noch klein oder noch gar nicht geboren war. Auch, wenn Papa vieles anders macht, als Sie es machen würden – Nur ruhig: Es ist selten, dass der Umgang mit dem Vater einem Kind wirklich nicht gut tut. Und mit unterschiedlichen Herangehensweisen in Erziehungsfragen kommt es meist gut zurecht. Es hilft, sich klarzumachen: Auch wenn bei Papa einiges anders läuft, wird dies die Beziehung zu Ihrem Kind nicht beeinträchtigen. Wenn Sie es schaffen, zu vertrauen und Ihr Kind auch in Gedanken los zu lassen, können Sie die freie Zeit sehr viel besser für sich selbst nutzen, indem Sie entspannen, ausgehen, schlafen, Freunde treffen und und und …

➔ Probleme? Mediation nutzen

Sind Sie noch zu gefangen in Auseinandersetzungen oder dem Trennungsprozess und gibt es deswegen dauernd Streit? Da kann es eine gute Lösung sein, einen Mediator zu engagieren. Die Mediation ist ein außergerichtlicher Weg zur Beilegung von Streitigkeiten. Sie ist meist kostengünstiger, schneller und für beide Seiten angenehmer als ein Gerichtsverfahren. Auskunft über Mediation in Unterhalts- und Umgangsfragen für getrennte Eltern erteilen die Jugendämter oder die lokalen Familienberatungsstellen, oder man gibt bei Google einfach das Wort »Mediation« und den eigenen Wohnort ein.

TIPP

Trennungsdisziplin

➔ Auch wenn nach einer Trennung viel Emotionalität im Spiel ist: Ihrem Kind gegenüber sollte diese außen vor bleiben. Der Umgang miteinander nach der Trennung sollte freundlich und respektvoll sein. Wichtig: Niemals vor Ihrem Kind negativ über den Ex reden, schließlich ist er der geliebte Papa! Klar, man muss auch mal Dampf ablassen – aber dies sollten Sie eher bei Ihrer besten Freundin und nicht vor Ihrem Kind.

Mehr Geld bedeutet weniger Sorgen

Für alleinerziehende Mütter ist Geld häufig eine knappe Ressource. Wohnung, Auto, Essen, Kleidung: Das alles muss von einem oft kleinen Einkommen bezahlt werden, denn nur wenigen Müttern gelingt es, Vollzeit zu arbeiten, wenn sie sich auch noch hauptverantwortlich um ein Kind kümmern müssen. Um nicht unter dramatischen Geldsorgen zu leiden, lohnt es, konkrete Strategien zu entwickeln, wie mehr Geld ins Haus kommt bzw. eingespart werden kann.

→ Keinesfalls auf Unterhalt verzichten

Aus Stolz oder Angst vor Auseinandersetzungen mit dem Ex verzichten Mütter häufig auf den Unterhalt für ihr Kind oder auf Teile davon. Es hilft, sich klar zu machen: Der Unterhalt ist ein Beitrag des Vaters zum Wohl des Kindes. Die rechtliche Regelung ist nicht umsonst so, wie sie ist: Sie soll gewährleisten, dass Kinder bekommen, was sie zum Leben brauchen. Die Ansprüche sind also berechtigt und Mütter können diese ohne falsche Bescheidenheit einfordern.

→ Versorgungspatenschaften schließen

Ein Kind zu unterhalten ist teuer: Schuhe, Kleidung, Spielzeug, Essen, Klassenreisen, Ausflüge, Turnverein. Es kann ein hilfreicher Beitrag sein, die Familie zu bitten, für einzelne Anschaffungen oder Veranstaltungen eine Patenschaft zu übernehmen. Vielleicht mögen die Großeltern ja für die Schuhe zuständig sein, die Patin für

Spielzeuge, die beste Freundin für T-Shirts und Pullis und so weiter.

➔ Synergien nutzen

Gute Idee: Sich mit einer anderen alleinerziehenden Mutter verbünden, mit der man einige Dinge des täglichen Bedarfs teilt oder gemeinsam organisiert: Beispielsweise kann man ein Auto gemeinsam nutzen, gemeinsame Großeinkäufe mit wechselseitigem Aufpassen auf die Kinder organisieren oder sich vielleicht sogar Wohnung oder Haus teilen. So werden nicht nur Kosten spürbar gesenkt, sondern auch Sorgen verringert und Freude erhöht!

➔ Ruhig Freunde um Unterstützung bitten

Gerade alleinerziehende Mütter brauchen regelmäßige Auszeiten. Vielleicht kann eine gute Freundin ein- bis zweimal im Monat nachmittags oder abends auf das Kind aufpassen, damit die Mama auch mal etwas Zeit für sich selbst hat.

➔ Gute Papa-Vertretungen suchen und finden

Hat das Kind nur wenig oder gar keinen Kontakt zu seinem Vater? Dann kann es eine hilfreiche Idee sein, einen guten Freund darum zu bitten, ab und zu ein bisschen männliche Dynamik in das Leben des Kindes zu bringen. Auch männliche Erzieher in Kindergarten oder Hort können eine Unterstützung sein. So lernt das Kind auch von männlichen Vorbildern!

TIPP

»Palme« stärkt Alleinerziehende

➔ Das »Palme«-Projekt (Präventives Elterntraining für Alleinerziehende Mütter) ist ein halbjährliches Programm, das Mütter darin unterstützt, als Alleinerziehende mit ihren Sorgen, Gefühlen und den Belastungen des Alltags besser zurechtzukommen (Internetadressen siehe Seite 172, »Allein mit Kind«).

➔ Mütternetzwerke pflegen

Für Single-Mütter ist ein funktionierendes Mütternetzwerk von viel größerer Bedeutung als für andere. Ob andere Alleinerziehende oder befreundete Elternpaare: Sich gegenseitig zu unterstützen und miteinander über Kinder- und Erziehungsthemen zu sprechen hilft dabei, auch allein die Verantwortung für ein Kind tragen zu können. Bei Krankheit oder kurzfristigen Terminen ist ein gutes Netzwerk oft sehr nützlich. Befreundete Eltern springen auch kurzfristig gern ein. Sie wissen ja, dass sie das nächste Mal vielleicht auf Ihre Hilfe angewiesen sind!

5 Eltern sein, Paar bleiben

→ Eltern zu werden ist für jede Partnerschaft eine Herausforderung. Die Kleinen kosten viel Energie, für die Beziehung bleibt plötzlich wenig Zeit und Kraft. Wenn auch noch beide Partner arbeiten, leben sie plötzlich eines Tages vielleicht eher nebeneinander als miteinander. Dieses Kapitel zeigt Wege auf, wie die Partnerkommunikation verbessert werden kann.

Wie man die Liebe fit hält

Ein Kind, die Krönung unserer Liebe? Auf eine Weise stimmt das natürlich: Wie sehr haben wir uns auf das Kind gefreut, und wie glücklich sind wir darüber, dass dieses kleine Wesen jetzt zu unserem gemeinsamen Leben gehört! Für die Beziehung ist ein Kind jedoch weniger die Krönung, sondern meist eher eine Art Katalysator. Es beschleunigt und verstärkt alle Prozesse einer Partnerschaft, und es zeigt uns ganz genau, wo wir als Paar stehen. Was schon vorher gut lief, wird mit Kind meist noch besser, noch schöner, noch liebevoller. Schwierigkeiten, die wir schon als Paar ohne Kind hatten, werden deutlicher, wenn wir Eltern werden. Das hat aber auch sein Gutes. Ein Kind macht jede Beziehung ehrlicher, echter. Und wenn wir es schaffen, an den Herausforderungen zu wachsen, wird die Partnerschaft am Ende sogar stabiler und glücklicher sein.

Obwohl der Alltag zwischen Kind, Arbeit und Haushalt scheinbar oft keine Kraft mehr übrig lässt, sollten wir immer wieder etwas Zeit und Energie in das gemeinsame Glück als Paar investieren – langfristig ist es nicht die Liebe zum gemeinsamen Kind, die eine Partnerschaft trägt, sondern die Liebe zueinander! Die Tipps auf den folgenden Seiten helfen, die Liebe zu bewahren und im Familienalltag die Paarbeziehung nicht aus den Augen zu verlieren.

Miteinander reden: weniger Alltags-Talk …

»Weißt du, wo meine neuen schwarzen Socken sind?«

»Hast du der Kleinen schon ihr Fläschchen gemacht?«

»Ich habe heute ein ewig langes Meeting. Holst du die Kinder ab?«

»Ich habe diese Woche keine Zeit gehabt einzukaufen.«

»Wir müssen dringend den Gaszähler ablesen.«

»Die Putzfrau ruft ständig ihre Freunde auf dem Handy an – mit unserem Telefon.«

»Heute Abend will ich mit meinen Jungs was trinken gehen.«

»Hast du eigentlich gesehen, dass ich eine neue Frisur habe?«

»Warum sieht eigentlich keiner außer mir, dass der Mülleimer überquillt?«

»Das Kind braucht neue Schuhe.«

Miteinander reden:
... mehr Liebes-Talk

»Ich finde es toll, wie du mit dem Kleinen umgehst. Kannst du mir dein Geheimrezept verraten, wie du immer so ruhig bleibst?«

»Ich stehe immer noch total auf dich, weißt du das eigentlich? Ich finde, seit du Kinder bekommen hast, hast du mehr Sex-Appeal denn je.«

»Ich mag das, wenn du so früh von der Arbeit nach Hause kommst. Es ist richtig schön, wenn wir alle gemeinsam essen.«

»Ich hätte Lust, mal wieder ein ganzes Wochenende mit dir allein zu verbringen.«

»Ich glaube, es ist Zeit, dass die Kleine langsam in ihrem eigenen Bett schläft. Ich möchte dich nachts mal wieder für mich haben. Wie denkst du darüber?«

»Wenn ich weniger Stress habe, habe ich viel mehr Lust auf Sex. Geht es dir auch so?«

»Liebling, du siehst müde aus. Leg dich doch ein Stündchen aufs Sofa.«

EXTRA

Grundregeln fürs miteinander Reden

→ Im Familienalltag besteht ein großer Teil der Kommunikation mit dem Partner darin, über Alltägliches zu sprechen. Das kann für die Liebe auf Dauer ziemlich belastend sein. Üben Sie daher, auch im Alltag Liebesbotschaften zu senden (siehe Seite 145). Zeigen Sie Interesse an den Bedürfnissen Ihres Partners. Teilen Sie sich gegenseitig mit, was Sie sich voneinander wünschen. Eröffnen Sie Themen und diskutieren Sie darüber. Erzählen Sie, was Sie freut und was Sie am anderen lieben und schätzen. Gefühle erkennen, dazu stehen und sie in Worte zu fassen – das bedeutet miteinander zu reden und als Paar im aufrichtigen Dialog zu sein.

ZEIGEN SIE INTERESSE AM ANDEREN

Interessieren Sie sich nicht nur für sich selbst und Ihre eigenen Probleme, sondern auch für den Partner und seine Themen. Fragen Sie ihn gezielt und hören Sie konzentriert zu, was ihn bewegt.

BITTE KEINE SCHULD-ZUWEISUNGEN

Schuldzuweisungen und Vorwürfe zerstören jeden Dialog. Besser ist es, wenn Sie von sich und Ihren Gefühlen sprechen, ohne beim anderen dabei gleichzeitig Schuldgefühle auszulösen.

BEDÜRFNISSE MITTEILEN

Frauen denken häufig: »Das muss er doch sehen, wenn er mich liebt.« Männer denken »So lange sie nichts sagt, ist auch nichts.« Also: Raus mit der Sprache!

PROBLEME GEMEINSAM LÖSEN

Statt mit vorgefertigten Patentlösungen aufzuwarten, überlegen Sie zusammen, wie sich Probleme lösen lassen.

KEINE VERALLGEMEINERUNGEN

Sprechen Sie über konkrete Situationen und Verhaltensweisen. Statt zu verallgemeinern »Immer sagst du ...«, »Du bist nie bereit ...«, besser konkret beschreiben, was Sie klären möchten: »Deine Bemerkung vorhin konnte ich nicht einordnen. Wie meinst du das?«

VERTRAUEN HABEN

Niemand spricht gern über Probleme. Frauen fühlen sich häufig als Verlierer, nur weil sie Probleme haben. Deshalb werden sie schnell emotional, wenn sie sich unsicher und nicht angenommen fühlen. Bevor Sie Problemthemen anschneiden, sollten Sie sich über Folgendes im Klaren sein: »Mein Partner hat mich lieb. Er ist mein Freund, nicht mein Feind.« Sie werden feststellen: Anschließend spricht es sich ruhiger und weniger aufgeregt.

SOFORT REAGIEREN

Warten Sie nicht ab, bis die Krise da ist: Klären Sie Kleinigkeiten sofort, bevor aus Mücken Elefanten werden.

POSITIVE GESPRÄCHS-ANREIZE NUTZEN

Nehmen Sie nicht nur negative Ereignisse und Wünsche zum Anlass für ein konstruktives Gespräch, sondern auch das Bedürfnis, Schönes zu teilen oder das Gute Ihrer Familie zu loben.

FALLS NÖTIG, EINE LÖSUNG VERSCHIEBEN

Wenn einfach keine Einigung gefunden werden kann: Bevor Sie sich am Thema festbeißen, vereinbaren Sie eine Auszeit und verschieben Sie die Klärung.

RESPEKTVOLL MITEINANDER DISKUTIEREN

Auch bei heftigen Diskussionen: Lassen Sie keinen Zweifel daran, dass Sie den anderen lieben. Argumentieren Sie respektvoll miteinander!

FESTE GESPRÄCHSZEITEN EINRICHTEN

Reservieren Sie sich z.B. einen Abend pro Woche, um bei einem Glas Wein zusammenzusitzen und über Ihre Liebe und Ihre Beziehung zu sprechen.

MEHR VOM ANDEREN ERFAHREN

Bei Erziehungsdifferenzen ist es häufig hilfreich, sich über eigene Kindheitserfahrungen auszutauschen – denn die sind prägend für unseren Umgang mit den Kindern und unsere Einstellung zum Thema Erziehung. So versteht man den anderen besser und findet schneller zu einem Konsens.

Als Team sind wir beide unschlagbar

Kinder zu haben heißt: Glück im Überfluss zu bekommen. Und dafür zu akzeptieren, dass manche Dinge plötzlich zu einer knappen Ressource werden können: zum Beispiel Zeit für sich selbst, Geld, Wohnraum oder die Möglichkeit, spontan zu verreisen. Mancher neigt in Mangelsituationen dieser Art dazu, den Partner für die Misere verantwortlich zu machen. (Sie ist müde, weil *er* nicht oft genug aufgestanden ist. Das Geld ist knapper, weil *sie* nur noch Teilzeit arbeitet usw.)
Viel hilfreicher jedoch ist die Erkenntnis: Die Schwierigkeiten sind nicht die Schuld des einen oder des anderen, sondern sie wurden *gemeinsam* herbeigeführt. Und zwar, indem wir ein Kind (oder mehrere) bekommen haben. Denn als kinderloses Paar hätten wir solche Probleme nicht. Aber wollten wir deswegen auf diese tollen kleinen Menschen verzichten, die unser Leben doch erst so richtig lebenswert machen? Natürlich nicht! Deshalb sollten wir uns lieber gegenseitig stark machen. Es lohnt sich, für mehr Glück und Lebensfreude als Team zu agieren und sich gegenseitig zu unterstützen.
Wenn man versteht, dass beide erschöpft sind, weil das Familienleben nun einmal für Mütter *und* Väter anstrengend ist, fällt es viel leichter, großzügig zu sein. Zum Beispiel so: Ohne Vorankündigung oder Absprache den Partner ausschlafen lassen, ohne sofort eine Gegenleistung zu erwarten. *Ihn* am Wochenende für ein paar Stunden zum Sport zu schicken, auch wenn er schon die ganze Woche weg war. *Ihr* mal einen freien Tag gönnen, die Kinder ins Auto packen und sagen: »Süße, lass es dir gut gehen – und wehe, du arbeitest! Erwarte uns nicht vor 18:00 Uhr zurück.« Das Schöne daran: Wenn wir es schaffen, ein starkes Team zu sein, ist das Leben sehr viel leichter und angenehmer. Und statt sich mühsam hier und da ein bisschen Freiraum zu erkämpfen, macht es viel mehr Freude, ihn einfach geschenkt zu bekommen oder ihn zu verschenken.

→ Eine Erziehungsleitlinie festlegen

Elternstreit entzündet sich nicht selten an der Kindererziehung. Beide Elternteile haben unterschiedliche Werte und vor allem auch verschiedene Verhaltensweisen: Männer sind direkter und werden schneller laut, Frauen sind häufiger nachsichtig und kompromissbereiter. Konfliktpotenzial können Sie im Vorfeld entschärfen, indem Sie sich zusammensetzen und sich über Erziehungsgrundsätze verständigen und Fragen wie diese klären:

- Wie reagieren wir, wenn das Kind nachts weint oder zu uns ins Bett will?
- Wie setzen wir dem Kind gemeinsam sinnvolle Grenzen?
- Was sind unsere Wertmaßstäbe? Wo unterscheiden sie sich?
- Wie sollen wir auf kritische Äußerungen von außen reagieren?
- Welche Ansprüche haben wir an die Selbstständigkeit unseres Kindes?
- Wie wichtig ist uns die Ernährung unseres Kindes? Wie gehen wir mit Süßigkeiten um?

Am besten entwickeln Sie Lösungen dazu anhand von Problemsituationen, die Sie bereits gemeinsam erlebt haben. Wenn Sie auf diese Weise einen Erziehungsstandard definieren, den Sie beide gut finden und auch umsetzen können, dann ersticken Sie so manchen Streit in seinem Keim.

→ Füreinander spannend bleiben

Was macht das frisch Verliebtsein eigentlich so aufregend? Es ist die Mischung aus einigen Schlüsselmerkmalen, die wir erkennen und die uns begeistern, und dem Unbekannten, das uns jede Menge freier

TIPP

Positiv denken – Perspektive wechseln

→ Sie wollten diesen Mann, dieses Kind, dieses Leben. Und nun haben Sie das alles – und auf einmal sieht das Leben so grau aus und hat seinen Glanz verloren? Moment mal: Sie sind doch unglaublich reich beschenkt! Sie haben ein tolles Kind (oder mehrere). Sie haben einen Mann, der Sie liebt! Sie haben einen Job, Sie haben Talente, Fähigkeiten, Kraft und Energie!

Bei trüben Gedanken hilft ein sofortiger Perspektivwechsel: Stellen Sie sich vor, Sie hätten das alles nicht: Mann, Kind, Mutterglück. Wie sehr würden Sie das alles vermissen!

Bei negativen Gefühlen kann es manchmal helfen, eine Auszeit zu nehmen und sich selbst vielleicht mit einer kleinen Wellness-Einheit zu verwöhnen (siehe Seite 136/137). Kommen Sie dann nach ein paar Stunden erholt und gut gelaunt nach Hause, staunen Sie plötzlich: Dieser gut aussehende Typ ist mein Mann! Und diese zauberhaften Kinder sind wirklich meine! Hurra, das Leben ist wieder wunderbar!

Fläche liefert, auf die wir unsere Träume und Sehnsüchte projizieren können. Warum nicht aus der Zeit der Verliebtheit lernen und ein wenig von der freien Projektionsfläche zurückerobern? Bleiben wir doch einfach hier und da ein wenig spannend füreinander! Das klappt, indem wir nicht alles preisgeben. Es erfordert nur ein wenig Kreativität und die Fähigkeit, ein paar Geheimnisse zu wahren oder sich überraschend mal zu verändern. Die Mutterrolle kann durchaus einladen, neue Seiten an sich zu zeigen. Wenn wir aufgrund des Babys zeitweise das Heimchen am Herd spielen, kann sich das eine Weile sehr sexy anfühlen! Das heimische Nest dekorieren. Ein tolles Essen kochen (oder bestellen). Souverän das Baby ins Bett manövrieren und die Tür mit einem lässigen Hüftschwung schließen: »So – nun schläft er vier Stunden. Was machen wir jetzt?« Nach ein paar Monaten ist es dann übrigens genau so toll, die Rolle wieder zu wechseln. Schon bietet sich die Chance für eine erneute Veränderung: Den Job zurückerobern! Business! Geld und Macht! Oder: Abends mal wieder ausgehen! Styling! Glamour! Zur Abwechslung mal Supergirl statt Supermama sein. Was auch immer wir tun: Immer wieder anders ist immer wieder gut. Veränderung und Facettenreichtum sind *die* Frischzellenkur für jede Beziehung.

→ Die richtigen Prioritäten setzen

Es gibt zahlreiche Gründe, keine Zeit für die Beziehung zu haben: zu müde, noch schnell die Wäsche zusammenlegen, mal eben die E-Mails checken, endlich mal in Ruhe das Buch zu Ende lesen … So hängt jeder seinen Vorlieben und seinen Gedanken nach und schon ist wieder ein Abend vorbei, an dem wir einfach nur nebenein-

ander her gelebt haben. Diese Kombination aus räumlicher Nähe und innerer Distanz ist gefährlich für jede Beziehung. Beide Partner beginnen allmählich, ein inneres Eigenleben zu entwickeln. Die Folge: So entfremdet man sich schleichend – und eines Tages merkt man vielleicht, dass man sich gar nicht mehr sehr viel zu sagen hat.
Dagegen hilft nur eins: dran bleiben. Die Partnerschaft ist so gut wie das, was wir aus ihr machen! Warum versuchen Sie nicht einfach, die Beziehung auf die wichtigste Prioritätsstufe zu stellen, anstatt sie nur unter »ferner liefen« vor sich hindümpeln zu lassen? Lieber mal zwischen unerledigten Wäschebergen, unbeantworteten Mails und nicht eingeklebten Babyfotos Arm in Arm auf dem Sofa, als zu zweit allein in einem Leben, das wir auf sein perfektes äußeres Funktionieren reduziert haben!

→ Die Kinder nicht zwischen sich stellen

Ohne es zu merken, kann es passieren, dass die Kinder plötzlich zwischen uns geraten. Das fängt häufig schon vor der Geburt an und geschieht natürlich vollkommen unabsichtlich. Mamas Bauch und ihr Befinden steht im Zentrum des allgemeinen Interesses, und nur selten kommt jemand auf die Idee, den werdenden Papa zu fragen, wie es ihm geht. Ist das Kind dann da, stürzen wir Mütter uns mit all unserer Liebe auf das Kleine. Und Papa? Zieht ins Gästezimmer mit der offiziellen Begründung, auch mal wieder eine Nacht durchschlafen zu wollen. In Wahrheit ist er häufig auch ein kleines bisschen eifersüchtig und zieht sich in seinen Schmollwinkel zurück, weil immer nur Babykuscheln läuft und Papakuscheln schon seit Wochen kein Thema mehr ist. Ist das Kind dann älter, sind wir Mütter elternzeitbedingt manchmal schon echte Supermamis geworden, während unser lieber Mann und Kindsvater manchmal noch unsicher ist, wie warm das Fläschchen sein darf. Doch wenn wir ihn spüren lassen, wie viel besser wir alles können, hat das nur zur Folge, dass wir ihn entmutigen. Welcher Mann hat schon Lust, nie über das Stadium des Wickelvolontärs hinauszukommen, während wir Mütter uns zur souveränen Konzernchefin im eigenen kleinen Familienunternehmen aufschwingen?

→ Sich nicht gegeneinander ausspielen lassen

Besser ist es, den Partner im Umgang mit dem Kind zu stärken und als Eltern und Partner eine Einheit zu bilden. So vermeiden wir einen Rückzug des anderen. Dieser Teamgeist hilft übrigens auch bei der Kindererziehung: Was Papa gesagt hat, gilt. Oder was Mama gesagt hat. Und keinesfalls hebt der eine die Aussage des anderen auf. Wenn es wirklich mal was am Erziehungsstil des anderen zu kritisieren gibt, dann können wir Eltern das klären, wenn die Kinder nicht mehr zuhören. Wir sollten aber akzeptieren, dass wir gegebenenfalls mit dem Erziehungsstil des Partners nicht immer auf einer Linie sind. (siehe Seite 161–163, »Papa vor«).
Hilfreich ist es auch, wenn wir den Kindern deutlich machen, dass es eine private Elternsphäre gibt, die nur uns gehört. Das signalisieren wir zum Beispiel durch feste Zubettgehzeiten. Ein Abendritual wie eine Gutenachtgeschichte macht den Kindern deutlich, dass ihre Zeit jetzt endet und dass Mama und Papa nun für sich sein wollen. Es hilft auch, den Kindern beizubringen, dass das Elternschlafzimmer unser Raum ist, an den sie bitte anklopfen. Am leichtesten lernen unsere Kinder das übrigens, wenn wir auch an ihre Tür zum Kinderzimmer klopfen, wenn sie geschlossen ist. So verstehen die Kleinen schon früh, dass Eltern eben nicht dauernd und immer nur Mama und Papa sind, sondern genau so auch Mann und Frau. Das macht es zudem leichter, mal freie Zeit als Paar zu genießen.

ERFAHRUNGSBERICHT:

ASTRID: *Manchmal treffe ich Tom in einem Restaurant – das ist meist nicht bewusst geplant, sondern passiert zufällig, weil einer von uns beiden vorher etwas zu erledigen hatte. Der Effekt ist, dass die Treffen viel prickelnder sind, viel überraschender, weil man sich nicht gemeinsam ausgehfertig gemacht hat. Wenn ich dann auf Tom warte, fühle ich mich zurückversetzt in die Zeit, als wir uns kennengelernt haben.*

→ Den Humor behalten

Familienleben ist häufig genug einfach eine Aneinanderreihung kleiner und mittlerer Katastrophen. Läuse-Pingpong in der Schule, von dem unser Kind aufgrund seiner Beliebtheit nie, aber auch nie verschont bleibt. Selbstgeschnittene Kinderponys am Tag, bevor der Kindergartenfotograf kommt. Eine akute Windpockenerkrankung, die dafür sorgt, dass wir wochenlang nicht vernünftig arbeiten können.

Was auch immer uns in Sachen Lebensbalance gerade aus der Bahn wirft: Wir haben die Wahl. Wir können uns leidtun, jammern, klagen, zornig und ungehalten reagieren – und mit dem Partner in einen Streit geraten, wer von uns beiden jetzt gerade wieder versagt hat in Sachen perfekte Familienidylle.

Oder wir können einfach lachen. Wir sind wegen Kinderwindpocken dran, das Haus zu hüten? Zeit genug, mit dem Kind ein lustiges kleines Spaßkomplott zu schmieden, täuschend echte rote Punkte auf die Haut zu malen und den Mann zu begrüßen: »Schatz, ich habe mich jetzt auch angesteckt. Bringst du mich bitte ins Bett und kaufst mir ein Eis?«

Das Kind bemalt den frisch gestrichenen Flur mit Fingerfarben? Wenn es ohnehin zu spät ist: Warum nicht den ganzen Flur mit Fingerfarben bemalen und ein echtes Kunst-Happening feiern? Das ist doch die Gelegenheit, die gesamte Freundesbande zum Mitmalen einzuladen und Kindern endlich mal die Gelegenheit zu künstlerischer Freiheit zu geben. Streichen können wir schließlich auch in vier Wochen neu.

Wie bei allen Dingen des Lebens kommt es auf die Sichtweise an. Und Lachen macht nun mal mehr Spaß als zu klagen. Wenn man diese Einstellung erst mal gefunden hat, ist stets für Unterhaltung gesorgt: Mit Kindern hat man schließlich ganzen Tag das schönste Comedyprogramm frei Haus. Also: Genießen und lachen wir. Diese Haltung ist nebenbei bemerkt auch umwerfend sexy: Nichts, aber auch gar nichts macht uns für den Partner (und für uns selbst) attraktiver als guter Humor!

Die Ehe funktioniert am besten, wenn beide Partner ein bisschen unverheiratet bleiben.

[CLAUDIA CARDINALE]

5

10 gute Ideen für mehr Liebe im Alltag

→ Die Verliebtheit bekommen wir geschenkt, die Liebe nicht. Wer auf Dauer eine glückliche und funktionierende Partnerschaft will, der muss dafür etwas tun.

1 Dem Partner jeden Tag mindestens drei nette Dinge sagen, spontan oder geplant. Oder einfach mal zwischendurch eine Liebes-SMS schicken. Die paar Minuten hat man immer übrig!

2 Der Müdigkeit ein Schnippchen schlagen: Statt abends auszugehen, mal tagsüber einen Babysitter organisieren (oder einen Urlaubstag nehmen, wenn das Kind im Kindergarten ist) und zu zweit einen Tagesausflug machen oder nett frühstücken gehen. Am Tag haben wir mehr Energie und können uns beser unterhalten.

3 Dem Partner eine Glücksbox schenken: Fotos aus den Anfangstagen der Beziehung oder von schönen Ereignissen; Erinnerungen an Ausflüge; ein paar Zeilen darüber, was der andere uns bedeutet oder die DVD eines Lieblingsfilms. Bei einer Liebesflaute wirkt ein Blick in die Glücksbox Wunder.

4 Nicht auf bessere Zeiten warten. Bei angespannter Paarsituation denken wir meist in Richtung Zukunft: »Wenn das Kind erst mal durchschläft, dann wird alles besser« oder »Wenn ich erst mal nicht mehr so gestresst bin, dann ... « Die guten Zeiten schon heute beginnen lassen! Kochen Sie z.B. spontan das Lieblingsessen des Partners. Falls die Energie dazu fehlt, ein tolles Essen liefern lassen. Allen Stress vergessen und einfach nur das Essen und ein gemeinsames Gespräch genießen.

5 Während wir früher jeden Abend geredet haben, läuft heute nur noch die Glotze? Verständlich: Wenn beide total geschafft sind, bleibt für mehr keine Energie.

Tipp: Den Fernseher mal für eine Woche ausquartieren und abwarten, was passiert. Vermutlich verbessert sich die Qualität der Gespräche deutlich, wenn die Flimmerkiste mal still ist.

6 Den Sexkrampf vermeiden: Bei allgemeiner Anspannung und Müdigkeit ist häufig kein Raum für Lust und Erotik. Statt das Thema einfach auszuklammern, dem Partner lieber ein Stückchen entgegenkommen: »Auf Sex hab ich heut keine Lust, aber ich hätte gern ein paar richtig tolle Küsse!« So fühlt er sich nicht abgewiesen und Sie gehen nicht über Ihre Grenze.

7 Sich nicht gegenseitig ins Wort fallen. Folgende Technik aus der Kommunikationstherapie kann helfen: Ein Softball in der Hand sorgt für Moderation: Wer den Ball hat, darf in Ruhe zu Ende sprechen. Zusatzgewinn: Den Ball hin- und herzuwerfen, kann einige Lacher produzieren und so einen Streit entschärfen.

8 Traumgeschenk: Ausschlafen mit Zimmerservice. Das Kind zu den Großeltern bringen oder die Babysitterin für eine Nacht plus Vormittag bestellen. Ein Zimmer in einem Hotel buchen – in der eigenen Stadt! Vorteil: Nach kurzer Fahrt sind Sie mittendrin in einem Wellness-Kurzurlaub. Ein verändertes Ambiente und die Aussicht auf ungestörten Schlaf am nächsten Morgen beflügelt Laune und Sinne.

9 Oft scheitert Sex an kleinen Details. Die Sorge, die Kinder könnten plötzlich vorm Bett stehen. Oder der Gedanke an all die Sachen, die noch erledigt werden müssen. Deshalb: Das Liebesleben sichern! Zeit für die Liebe einplanen, die Gedanken an andere Dinge verbannen. Tür zum Schlafzimmer abschließen – so können Sie sich viel besser fallen lassen!

10 Luft in die Beziehung bringen: Babysitter organisieren. Zuerst getrennt etwas unternehmen (z.B. Sport, Kino mit Freunden). Später den Partner zum Essen oder auf einen Drink treffen. So hat jeder etwas für sich unternommen und kann nach einem anstrengenden Tag erst mal bei sich selbst ankommen. Die gemeinsame Begegnung danach ist um einiges entspannter und frischer!

6 Papa ist der Beste

→ Neben dem Job allein zuständig für Kind, Haushalt und Familienorganisation? Da wird alles schnell zu viel! Ein engagierter Vater entlastet die Mama und macht Kindern viel Spaß. Hier zeigen wir, wie Väter für ihr Kind da sein können und wir Mütter mehr Unterstützung in der Familienarbeit bekommen.

Die neuen Väter: Partner und Vorbilder

Parallel zum Verständnis der Mutterrolle wandelt sich heute auch der Begriff der Vaterschaft. Während noch vor zwei Generationen die Kindererziehung allein als Sache der Mütter galt, sind Väter heute viel stärker am Leben ihrer Kinder beteiligt. Sie möchten nicht mehr reduziert sein auf die Rolle des Familienernährers. Die neuen Väter versuchen, sich stärker für ihre Kinder zu engagieren: Sie füttern und wickeln. Sie besuchen Spielplätze und Babyschwimmkurse. Sie kennen Einschlaftricks und lesen Gutenachtgeschichten vor. Väter werden heute immer mehr zu echten Partnern in der Erziehungsarbeit und zu präsenten Vorbildern für ihre Kinder. Seit der Einführung des Elterngeldes im Jahr 2007 hat sich die Zahl der Väter, die zumindest teilweise in Elternzeit gehen, innerhalb eines Jahres fast verdreifacht: Anfang 2008 waren es immerhin schon 9,6 Prozent.

Diese Entwicklung zeigt ganz deutlich: Wenn das finanzielle Auskommen der Familie auch nach der Geburt eines Kindes gesichert bleibt, sind die Väter bereit, sich sehr viel stärker an der Erziehungsarbeit zu beteiligen.

Dieser neue Trend passt genau zu dem Weg, den Mütter gehen, die sich beruflich engagieren: Sie tragen dazu bei, das Familieneinkommen zu sichern. Und Papa engagiert sich stärker für die Familie und ist mehr für die Kinder da. So entsteht eine neue Familienbalance, die alle Beteiligten glücklich macht!

Teamwork! Gemeinsam klappt vieles besser

Wenn Mama und Papa sich die Familienarbeit teilen, hat das viele Vorteile. Hier sind die wichtigsten:

→ Geteilte Arbeit – doppeltes Glück

Besonders Kleinkinder machen viel Mühe und fordern uns körperlich und seelisch bis aufs Äußerste. Bei gemeinsamer Erziehung wiegt die Last weniger schwer. Man ist entspannter – und kann so das Glück Elternschaft besonders intensiv genießen.

→ Schneller wieder fit

Insbesondere in den ersten Monaten nach der Geburt hilft es, wenn Papa sich aktiv mit ums Kind kümmert. So kann Mama die Strapazen von Schwangerschaft und Geburt schneller überwinden und hat schon bald wieder neue Energie.

→ Urvertrauen fürs Leben

Väter, die früh eine enge Beziehung zu ihrem Kind aufbauen, es wickeln, füttern mit ihm spielen, können eine ebenso enge

Bindung zum Kind aufbauen wie die Mutter. Davon profitiert das Papa-Kind-Verhältnis meist ein Leben lang!

➔ Für Kinder: Die Welt im Gleichgewicht

Eltern beeinflussen die Entwicklung ihrer Kinder ganz unterschiedlich. Ähnlich wie in der chinesischen Lehre des Yin und Yang ergänzen sich Mama und Papa zu einem sinnvollen Ganzen: Beide bringen verschiedene Aspekte in die Erziehung ein, haben eine unterschiedliche Wahrnehmung und unterschiedliche Herangehensweisen an die Dinge. Wenn ein Kind das weibliche und männliche Element gleichermaßen erlebt, lernt es das Leben in seiner ganzen Bandbreite kennen.

➔ Partner in der Erziehung, Partner im Leben

Die Partnerschaft profitiert davon, wenn beide Eltern das Kind erziehen. Man versteht die kleinen Probleme des Alltags mit Kindern sehr viel besser, wenn man sich im Umgang mit dem Nachwuchs unterstützt. So wie das Verständnis für die Anforderungen der Berufswelt zunimmt, wenn beide Partner arbeiten, wächst die gemeinsame Basis und das Glück!

ERFAHRUNGSBERICHT:

MAREN: *Von Beginn an teilen Henning und ich uns die Familienarbeit. Wir sind sehr unterschiedlich, und das ergänzt sich gut. Er tobt z.B. gern mit den Kids, hat eine unendliche Geduld beim Vorlesen und besucht mit ihnen das Fussballstadion des FC St. Pauli. Ich bastel gern mit den Kindern, gehe mit ihnen schwimmen oder mache mit ihnen Ausflüge. Meist tut jeder das, was er gern mag und gut kann. Natürlich unternehmen wir auch vieles gemeinsam als Familie. Die Kinder haben so eine Bandbreite von Erlebnissen und verbringen viel Zeit mit Mama wie mit Papa. Auch »offizielle« Aufgaben teilen wir: Ämter und Erledigungen in Schule, Hort und Kindergarten übernehmen wir zu gleichen Teilen. Für uns als Eltern und auch für uns als Paar hat es viele Vorteile, dass wir beide so nah an den Kindern sind: Wir freuen uns gemeinsam über sie, diskutieren ihre Entwicklung, legen gemeinsam Erziehungsziele fest und überlegen gemeinsam, wie wir Probleme in Schule oder Kindergarten klären. Und wir beide genießen es sehr, durch unsere Jobs auch mal Abstand vom fordernden Familienleben gewinnen zu können, während der andere sich um den Haushalt und die Kinder kümmert. So werden uns die Kinder nicht zu viel, und wenn wir nach der Arbeit nach Hause kommen, freuen wir uns darauf, die Familie wiederzusehen.*

Ein Bild von einem Mann: wichtig für jedes Kind

Die Wissenschaft bestätigt, dass es Zeit ist, mit dem Vorurteil aufzuräumen, dass die Mütter in der Erziehung die Hauptrolle spielen. Wie wichtig die Beteiligung der Väter am Leben ihrer Kinder für deren gesunde geistige Entwicklung ist, belegen Studien schon seit den 1960er-Jahren. Wassilios E. Fthenakis trug 1985 zahlreiche dieser Forschungsberichte in seinem Werk »Väter« zusammen. Sie beweisen, dass Väter, die ihre Kinder von Anfang an begleiten und den Alltag mit ihnen erleben, die kindliche Entwicklung vom ersten Lebenstag an positiv beeinflussen. Kinder mit aktiven Vätern sind intellektuell höher entwickelt, haben ein besseres Selbstwertgefühl und eine stärkere Rollenidentität. Der Vater ist ein Fels in der Brandung des Lebens, ein Gegenpol zur Mütterlichkeit – und ein Vorbild dessen, was einen Mann ausmacht. Der Familientherapeut Hans Jelouschek beschreibt in Thomas Gesterkamps Werk »Die neuen Väter zwischen Kind und Karriere«, dass Väter besondere Anteile in die Erziehung einbringen, die sonst fehlen würden:
»Väter betonen mehr das Motorische und das Kämpferische beim Spielen und Toben, und sie fordern Kinder stärker intellektuell. Und für die Identitätsentwicklung des Jungen zum Mann und des Mädchens zur Frau hat der kontinuierliche Kontakt mit dem Vater als erstem Vertreter männlichen Geschlechts eine ganz große Bedeutung.« Sollte der Papa, aus welchem Grund auch immer, nicht für sein Kind da sein können, ist das dennoch kein Grund, sich Sorgen zu machen. Es gibt genug Möglichkeiten für Mütter, andere männliche Vorbilder zu finden! Auch Erzieher, Lehrer, Freunde und Verwandte können helfen, dem Kind die Welt aus männlicher Sicht zu zeigen und ihm »ein Bild von einem Mann« nahe zu bringen.

ERFAHRUNGSBERICHT:

ASTRID: *Tom ist für meine drei Mädchen der stärkste und der coolste Mann. Er zeigt ihnen neue Welten. Wenn ich mal unterwegs bin, gehen die vier z.B. Muscheln essen oder Tom kauft ihnen neue Kleider. Ihrem Papa möchten unsere Mädchen gefallen. Auch Neues lernen sie besonders schnell bei ihm: Alle drei haben in kürzester Zeit Schwimmen und Rad fahren gelernt. Er gibt ihnen Selbstvertrauen und lässt sie über sich hinauswachsen.*

Papa vor! So wird der Partner zum Teamplayer

Viele Männer haben beim Thema aktive Vaterschaft noch Berührungsängste: Sie befürchten, dass es zu »weich« wirken könnte, wenn sie sich in Kindererziehung und Hausarbeit engagieren. Es geht den Männern beim Thema »Kinder und Beruf« häufig ähnlich wie uns Frauen, eben nur mit umgekehrten Vorzeichen: So wie wir Mütter sind auch sie auf der Suche nach einer neuen, in die heutige Zeit passenden Rolle zwischen Beruf und Familie. Ist Ihr Partner verunsichert, wie er seinen Wunsch nach mehr Familienbeteiligung leben kann? Dann hilft es, wenn Sie ihm zeigen, dass ihn das Familienengagement in Ihren Augen noch attraktiver macht! Bestärken Sie ihn, seinen eigenen Weg als Vater zu finden und ermutigen Sie ihn, dem Nachwuchs ein männliches Vorbild zu sein. Hier die besten Tipps, wie Sie Ihren Partner unterstützen können.

→ Vorurteile überwinden

Seien wir ehrlich: Auch wir gehören zu der Generation, in der sich vor allem unsere Mütter um uns kümmerten, und die Väter in der Erziehung eher die Nebenrolle spielten. Ohne es offen zu sagen, denken wir Mütter häufig selbst, das Frauen besser geeignet sind, sich um die Kinder zu kümmern, und dass es demnach auch unsere Pflicht sei. Vergessen Sie diese Vorurteile! Tatsächlich gibt es keinen einzigen wissenschaftlichen Beweis dafür, dass Mütter aufgrund biologischer Eigenschaften besser geeignet sind, sich um den Nachwuchs zu kümmern.

Ross Parke, ein führender Vaterforscher an der Universität von Kalifornien, hat Väter mit Neugeborenen eingehend in Laborsituationen und zu Hause beobachtet. Väter sprechen genauso viel mit ihren Babys, kuscheln genauso viel mit ihnen und spielen mit ihnen ebenso lange wie Mütter. Das Ergebnis seiner Studien: Sobald das Kind geboren ist, hat der Vater die Chance, ein ebenso enges Bindungsverhältnis zum Kind aufzubauen wie die Mutter.

→ Verständnis zeigen

Männern fehlen oft die Vorbilder für ihre neue Rolle. Im Normalfall hat ihnen einfach niemand vorgelebt, was moderne Vaterschaft bedeutet, da der eigene Vater häufig noch ganz anders war. Wenn Väter heute versuchen, engagierter für ihr Kind da zu sein, so müssen sie erst einmal herausfinden, wie das geht. Wickeln, füttern, spielen, erziehen – es gibt viele Themen, bei denen Väter noch nicht so recht wissen, wie sie damit umgehen sollen. Zeigen Sie dafür Verständnis! Am besten ist es, wenn Sie Ihrem Partner deutlich machen, dass auch für Sie der viel beschworene Mutterinstinkt keinesfalls ausgereicht hätte, um alles zu wissen. Schließlich haben auch Sie jede Menge Informationen eingeholt: Erfahrene Mütter befragt, Ratgeber gelesen, Kurse besucht. So ein fundiertes Vorwissen kombiniert mit dem Mut, eigene Erfahrungen zu machen, ist auch für Papa ein guter Weg, um sich mit dem Kind zurechtzufinden (siehe Seite 170, Lesetipps für Väter).

→ Unsicherheiten nehmen

Wir Mütter haben tatsächlich einen Vorteil: den Stillbonus. Da wir in den ersten Monaten häufig die einzige Nahrungsquelle für unser Kind sind, ist es für uns sehr viel leichter, das Kind zu beruhigen. Dieser Bonus hält häufig erstaunlich lange vor, auch wenn das Kind bereits abgestillt ist. Wir sollten jedoch keinesfalls nervös reagieren, wenn sich unser Kleines bei Papa nicht sofort beruhigt. Wie schnell sagen wir Mütter »Ach, gib mir doch lieber das Kind« und lassen den Vater mit seiner Verunsicherung allein. Viel besser ist es, ihn zu ermutigen, eigene kreative Lösungen zu finden wie Schnuller reichen, Flugzeug spielen (das Baby liegt bäuchlings auf seinem Arm und darf in die Gegend schauen) oder im Tragetuch spazieren tragen. Bei älteren Kindern hilft vielleicht ein kleines Ablenkungsmanöver wie eine Geschichte oder ein Spiel. Was auch immer er sich einfallen lässt: Zeigen Sie Ihrem Partner mit jeder Geste, dass Sie volles Vertrauen in seine Fähigkeiten haben, mit dem Kind zurechtzukommen!

→ Anerkennung zeigen

Wir Mütter sollten nicht unterschätzen, wie viel dem Papa unser Wohlwollen und unsere Anerkennung bedeuten. Oft sind es nur Kleinigkeiten, aber ein Lob darüber freut doch: Wie vorsichtig er das Kind badet. Seine Umsichtigkeit, das Regenverdeck mit auf den Spaziergang zu nehmen. Die Geduld, mit der er das weinende Kind umherträgt. Genauso, wie wir Mütter uns Lob und Anerkennung wünschen, freut sich auch Papa über ein ehrlich gemeintes Kompliment!

→ Öfter mal zurückziehen

Es ist für die Papa-Kind-Beziehung äußerst hilfreich, wenn Mama ab und zu einfach mal verschwindet (in die Yogaklasse, zur Kosmetikerin, in die Lieblings-Buchhandlung – oder zur Arbeit ...) und dem Papa den Raum lässt, seine eigenen Erfahrungen mit dem Kind zu machen. So findet er schnell seinen ganz persönlichen Stil im Umgang mit dem Kind.

→ Lieblingsaufgaben verteilen

Eine aktive Beteiligung der Väter bedeutet nicht, dass sie alles können müssen – genauso wenig wie wir Mütter plötzlich Heimwerken oder Autoschrauben mögen müssen. Sehen wir es lieber so: Alles darf, nichts muss. Wir sollten besprechen, wer was in der Familienarbeit am liebsten macht, und die Aufgaben so aufteilen, dass jeder in seinem Element ist. Wenn Papa gern mit den Kindern heimwerkelt und Fußball spielt: Wunderbar! Wir Mütter puzzlen oder malen mit den Kleinen vielleicht lieber und gehen mit ihnen ins Schwimmbad. Lassen wir doch einfach jedem seine Vorlieben!

→ Stilkritik vermeiden

Papa hat seinen Stil im Umgang mit dem Nachwuchs. Wir sollten es nicht weiter kommentieren, wenn die Dinge anders laufen, als es bei uns der Fall wäre. Hier ein paar typische Fälle von »Paparitis«:

Beispiel 1: Kleine Blessuren

Das Kind hat sich beim Toben mit Papa wehgetan. Statt den Partner für seine Leichtsinnigkeit zu kritisieren, können wir auch schweigen und denken: »Sei's drum! Kleine Beulen und Schrammen gehören zum Größerwerden dazu. Und was sind schon ein paar Kratzer gegen all den Spaß, den unser Kleines mit Papa hat?«

Beispiel 2: Modische Eigenheiten

Unser Liebling hat sich ganz allein angezogen – leider harmoniert das gewählte Outfit nicht mit unserem mütterlichen Stilbewusstsein? Statt den Papa zu kritisieren, dass er so mit dem Kind auf die Straße geht: Freuen Sie sich einfach, dass Ihr Kind so viel kann. Und darüber, dass Papa die Coolness hat, über verschiedenfarbige Ringelsocken und auf Links gedrehte T-Shirts hinwegzusehen!

Beispiel 3: Männer-Chaos

Wenn wir nach einem Papa-Tag nach Hause kommen, sieht es manchmal so aus, als hätte die Familie eine wilde Party gefeiert. Statt sich über die Unordnung zu ärgern: Werfen Sie einen Blick in die zufriedenen Gesichter Ihrer Lieben! Strahlende Kinderaugen und ein müder Papa sind der beste Beweis, dass sie es in Ihrer Abwesenheit richtig nett hatten.

→ Mütterliche Kontrolle

Am besten bringt man eine erfolgreiche »Mehr Papa fürs Kind«-Strategie so auf den Punkt: Gelassenheit bringt's! Lassen Sie als Mutter die Dinge laufen und sehen Sie das Positive! Je mehr der Vater das Gefühl bekommt, er sei als Papa rundum gut, desto mehr Spaß macht es ihm, für den Nachwuchs da zu sein. Und desto weniger haben Sie das Gefühl, allein für alles verantwortlich sein zu müssen.

Wie Papa die »Keine-Zeit-Falle« überwindet

Fragt man einen Vater heute nach seinem Engagement für den Nachwuchs, so lautet die Antwort häufig ungefähr so: »Ich würde ja gern häufiger für mein Kind da sein, aber ich habe keine Zeit! Tagsüber arbeite ich, und wenn ich heimkomme, schläft es schon. Eigentlich habe ich nur am Wochenende Gelegenheit, mich um das Kleine zu kümmern.« In vielen Partnerschaften liegt die Alltagsarbeit mit dem Kind trotz bester Vorsätze des Papas häufig noch auf den Schultern der Mama. Das hat verschiedene Gründe. Nicht selten arbeiten Väter zum Beispiel nach der Geburt des Kindes besonders viel, häufig sogar noch mehr als ohne Kind. Das tun sie übrigens normalerweise nicht, um vor der neuen Familiensituation zu flüchten, wie manchmal vermutet wird. Sondern meist, um für die Familie das finanzielle Auskommen zu garantieren und ihren Job zu sichern, wie eine repräsentative Studie des Bamberger Familienforschungs-Instituts ergab.
Statt also Papa Vorwürfe zu machen, dass er so viel Zeit mit seiner Arbeit und so wenig Zeit mit seinem Kinder verbringt, überlegen Sie lieber gemeinsam, wie Sie diese Situation ändern können. Oft hilft es schon, ein klein wenig umzudenken, um für Papa und Kind gemeinsame Zeitinseln zu schaffen. Hier sind ein paar Anregungen, die Sie in die Tat umsetzen könnten.

→ Morgenstunde nutzen

Das ist die Realität in vielen Familien: Mama versorgt morgens das Kind mit Frühstück, zieht es an, bringt es in die Betreuung, geht Teilzeit arbeiten und holt das Kind nach Feierabend wieder ab. Für uns Mütter bedeutet diese Regelung häufig großen Stress, da wir permanent unter Zeitdruck stehen. Warum nicht stattdessen die Morgenstunde dem Papa überlassen? Kind wecken, Frühstück machen, in die Kinderbetreuung bringen – für Papa und Kind kann daraus ein wunderschönes Morgenritual werden, und wir Mamas können uns in Ruhe duschen, gemeinsam mit der Familie frühstücken und dann ohne Zeitdruck und weitere Zuständigkeiten zur Arbeit gehen. So sind wir weniger gestresst, und Papa geht mit dem guten Gefühl zur Arbeit, sich schon ausgiebig um das Kind gekümmert zu haben.

→ Einen Kindernachmittag einführen

Viele Männer haben Hemmungen, ihrem Chef zu sagen, dass sie als Vater etwas mehr Zeit für die Familie brauchen. Gerade nach der Geburt eines Kindes möchten sie im Beruf möglichst gut dastehen und arbeiten deshalb eher noch länger und engagierter. Die Erfahrung zeigt jedoch, dass Chefs heute sehr viel mehr Verständnis haben, als viele Männer denken. Eine gute Idee: Warum fragt er seinen Boss nicht danach, einen »Kindernachmittag« pro Woche frei zu bekommen und schon um 15:00 Uhr nach Hause zu gehen? Zum Ausgleich kann er beispielsweise anbieten, an einem anderen Tag der Woche länger zu arbeiten. Diese Regelung hat viele Vorteile: Papa erlebt einen kostbaren Nachmittag pro Woche mit dem Nachwuchs und wird fester Bestandteil des Alltags mit Spielverabredungen, Kinderturnen und all den Aktivitäten, die eben meist nur in der Woche stattfinden. So hat er die Chance, einen wichtigen Teil der Kindheit zu erleben, den Väter sonst häufig einfach verpassen. Und wir Mütter können so einen Papanachmittag sehr gut für die eigenen Karriere nutzen: an einem festen Papatag kann man einen Nachmittag open End arbeiten, um so richtig viel wegzuschaffen, oder wir gewinnen einen Nachmittag, den wir verbummeln können!

→ Das Wochenende in Häppchen aufteilen

Viele Väter nutzen das Wochenende, um intensiv für den Nachwuchs da zu sein. Hier entsteht jedoch häufig ein innerer Konflikt: Wenn Papa die ganze Woche über das Kind kaum gesehen hat, will er am Wochenende natürlich möglichst viel wiedergutmachen. Zugleich aber möchte er sich auch von einer anstrengenden Arbeitswoche erholen. Das führt dann häufig dazu, dass er ein bisschen brummig mit der Zeitung auf dem Spielplatz herumsitzt und sich so fühlt, als würde er weder sich selbst noch dem Kind richtig gerecht werden. Am besten ist es daher, wenn wir gemeinsam eine Regelung finden, die den Bedürfnissen aller nach Entspannung und gemeinsamer Zeit gerecht wird. So kann man z.B. verabreden, dass der Papa den Samstagvormittag nutzt, um mit dem Kind etwas zu unternehmen, und Mama in dieser Zeit ausschläft oder in der Zeit etwas für sich tut. Nachmittags kann man dann tauschen, und Papa verbringt den Nachmittag beim Sport oder entspannt auf dem Sofa mit der Fussball-Bundesliga. So hat jeder seine Entspannung und seine Zeit mit dem Kind. Den Sonntag kann man im klassischen Familienstil verbringen und gemeinsam mit den Kindern etwas unternehmen. Nach einem solchen Wochenende starten garantiert alle zufrieden und erholt wieder in die Woche!

→ Event: Papawochenenden

Mütter fühlen sich allzu häufig unabkömmlich. Oft trauen sie sich gar nicht, die Familie mal sich selbst zu überlassen: Wer soll denn kochen? Was ist, wenn sich jemand wehtut oder krank wird? Weiß der Vater auch wirklich genau, was das Kind anziehen oder essen soll, was es derzeit am liebsten spielt, welche Sendungen im Fernsehen sinnvoll sind? Kann Papa denn wirklich alles allein? Die Antwort: Aber ja doch! Natürlich kann er das! Werfen wir doch die eigene (vermeintliche) Unabkömmlichkeit mal über Bord und trauen wir uns, ab und zu mal für zwei Tage nicht da zu sein. Ein freies Mamawochenende alle drei Monate ist Balsam für die Seele und bringt Erholung, die man zu Hause nicht findet. Zugleich bietet unsere Abwesenheit Papa die Chance, mal so rundum für sein Kind da zu sein.

→ Gemeinsam die Karrieren planen

Wenn wir Mütter wissen, dass wir auch mit kleinen Kindern beruflich am Ball bleiben möchten, sollten wir gemeinsam mit dem Partner eine Karriereplanung für beide aufstellen. Denn auch die Karriereplanung der Männer ist häufig nur Frage des Timings: Statt als junger Vater voll durchzustarten, kann Mann auch Langzeitziele mit seinem Arbeitgeber vereinbaren und so erreichen, dass er in den ersten Jahren etwas mehr Zeit für die Familie hat. Wenn die Partnerin ebenfalls arbeitet, gibt es schließlich auch weniger Druck für den Vater, allein für die Familie sorgen zu müssen, und die ganz große Karriere kann vielleicht noch etwas warten.

Wenn beide Partner von Beginn an auf mehr Ausgewogenheit in der Erwerbsarbeit achten, geht es beiden meist sehr gut damit. Zusatzvorteil: Typische Probleme einer jungen Familie werden von vornherein vermieden. Mama verliert nämlich nicht den Anschluss an die Berufswelt, und Papa verpasst nicht die prägenden und wichtigen Jahre, in denen die Kinder klein sind (siehe Seite 54–57, »In sechs Schritten zur Karriere«).

ERFAHRUNGSBERICHT:

ASTRID: *Tom ist wie viele Väter beruflich sehr stark eingebunden. Aber er hat einen festen Tag in der Woche, an dem er nur für die Kinder da ist: Am Montag ist seine Praxis geschlossen, und er hat Zeit für unsere drei Mädchen. Ich habe den Nachmittag dann frei zum Arbeiten oder für Sport und Entspannung. Tom holt die Mädchen ab, fährt mit ihnen zum Kinderyoga und macht danach für alle Abendbrot. Die Kinder und auch ich genießen diesen Papa-Montag sehr.*

Elternzeit: Wenn Papa zu Hause bleibt

Seit dem 1. Januar 2007 gilt in Deutschland die neue Elternzeitregelung. Sie räumt Vater oder Mutter das Recht ein, drei Jahre ganz oder teilweise aus dem Beruf auszusteigen, um für die Betreuung und Erziehung des Kindes mehr Zeit zu haben (siehe Seite 32/33). Auch wenn es nach wie vor meist die Mutter ist, die zu Hause bleibt: Die neue Regelung hat bewirkt, dass Väter mehr Interesse daran haben, in den ersten Lebensjahren intensiver für ihr Kind da sein zu können. Eine gute Lösung kann es auch sein, sich die Erziehungsarbeit zu teilen. Schließlich darf das Elternteil in Elternzeit bis zu 30 Stunden pro Woche arbeiten. Wenn also beide Eltern Teilzeit arbeiten und die Zeiten sich ganz oder teilweise ergänzen, können Mutter und Vater sowohl an der Berufswelt als auch an der Familie teilhaben.

TIPP

Wann ist eine Papa-Elternzeit sinnvoll?

→ Gute Gründe für eine Elternzeit mit Papa können sein:

- Wenn beide Eltern gleich viel verdienen oder die Frau mehr verdient.
- Wenn es aus Sicht der Eltern für eine Betreuungslösung durch Dritte noch zu früh ist, Mama aber gern wieder arbeiten würde.
- Wenn beide Eltern eine Karriere verfolgen und ein Gleichgewicht herstellen möchten: Bei geteilter Elternzeit können beide beruflich vorwärts kommen, ohne zu stark durch lange Erziehungszeiten eingeschränkt zu sein.
- Wenn der Vater mehr Zeit mit seinem Kind verbringen möchte.
- Wenn Papa Lust hat, mal für eine Weile ganz oder teilweise aus seinem bisherigen Arbeitsalltag auszusteigen.
- Wenn man als Paar mehrere Kinder hat (oder plant) und Mama den Anschluss an das Berufsleben nicht verlieren möchte.

TEST

Wer soll zu Hause bleiben: Papa oder Mama?

→ **Hier können Sie herausfinden, wer von Ihnen beiden Elternzeit nutzen sollte. Kreuzen Sie einfach an: Stimmt / Stimmt nicht**

Wenn wir beide voll arbeiten, also etwa 40 Stunden pro Woche, ist das Gehalt meines Mannes deutlich höher.	Stimmt (M) / Stimmt nicht (P)
Mein Partner kann in seinem Job nach Bedarf ein paar Stunden oder sogar ganz von zu Hause aus arbeiten.	Stimmt (P) / Stimmt nicht (M)
Ich kann in meinem Job ebenfalls ein paar Stunden oder ganz von zu Hause aus arbeiten.	Stimmt (M) / Stimmt nicht (P)
Mein Partner hat schon oft bedauert, dass er so viel von unserem Kind verpasst, wenn er vom Job heimkommt.	Stimmt (P) / Stimmt nicht (M)
Ich habe nach Schwangerschaft und Stillzeit wieder so richtig Lust auf meinen Beruf.	Stimmt (P) / Stimmt nicht (M)
Mein Partner ist beruflich sattelfest, eine Weile etwas weniger zu arbeiten, wäre kein Problem für ihn.	Stimmt (P) / Stimmt nicht (M)
Meine Karriere erfordert konstante Präsenz am Arbeitsplatz.	Stimmt (P) / Stimmt nicht (M)
Es ist schön zu beobachten, wie mein Partner begeistert mit unserem Kind spielt, es wickelt, badet, füttert ...	Stimmt (P) / Stimmt nicht (M)
Bisher habe ich im Haushalt und bei der Kinderbetreuung meist mehr Aufgaben übernommen als mein Partner.	Stimmt (P) / Stimmt nicht (M)

Auswertung:

Überwiegend »P« : Ihr Partner hat Lust auf die Elternzeit, Sie auf den Job? Na prima, das passt gut. In Ihrer Familiensituation ist es sinnvoll, wenn Papa eine Weile für das Kind sorgt, während Mama beruflich wieder durchstartet.

Überwiegend »M«: In Ihrer Konstellation liegt es nahe, dass Sie selbst die Elternzeit nutzen. Prüfen Sie, inwieweit Ihr Partner Sie bei der Kinderbetreuung und -erziehung unterstützen und entlasten kann (siehe Tipps ab Seite 158).

„M“ und „P“ gleich häufig: Sie beide kommen für die Elternzeit in Frage. Überlegen Sie doch, ob und wie Sie sich die Elternzeit aufteilen können. So gewinnen alle – Sie beide und Ihr Kind!

Papa@home – Regeln für ein glückliches Miteinander

Wenn Papa zu Hause bleibt, sollten wir Mütter einige Regeln beachten, um ihn in seiner Rolle zu unterstützen.

→ Vertrauen haben

Akzeptieren Sie, dass Väter ihren eigenen Weg haben, mit ihrem Kind umzugehen. Haben Sie Vertrauen: Ein liebender Papa macht vielleicht einiges anders als Sie – aber falsch ist es bestimmt nicht.

→ Wertschätzung zeigen

Ein Kind zu versorgen, ist eine große und zuweilen sehr anstrengende Aufgabe. Zeigen Sie Ihrem Partner, dass Sie seine Arbeit schätzen! Machen Sie Komplimente, auch für Kleinigkeiten, wie ein fröhliches Kind oder frisch gewaschene Wäsche.

→ Beim Geld fair bleiben

Wenn wir Frauen mehr verdienen als die Männer, kann das heikel sein. Begehen Sie nicht den Fehler, aus dem höheren Verdienst mehr Rechte abzuleiten (umgekehrt mögen Sie das auch nicht!). Zeigen Sie, dass die Leistung Ihres Partners als Erziehungsbeauftragter ebenfalls ihr Geld wert ist, und gehen Sie mit dem Familieneinkommen so um, dass Sie beide das Gefühl haben, fair behandelt zu werden.

→ Austausch pflegen

Wenn Ihr Partner Kind und Haushalt versorgt, während Sie arbeiten, ist es nett, wenn Sie sich zwischendurch mal daheim melden. Nehmen Sie sich in der Mittagspause kurz Zeit für ein Telefonat, um Ihrem Partner zu zeigen, dass Sie sich nicht nur für Ihren Job, sondern auch für sein Engagement in Sachen Kinder und Haushalt interessieren. Bitte keine Kontrollanrufe wie: »Hast du Windeln besorgt?«, sondern Liebesbeweise und Dankeschön: »Ich find's toll, wie du das machst!«. Und wenn Sie ihm abends aus Ihrer Welt berichten und ihn an Ihrem Tag teilhaben lassen, wächst das Gefühl echter Gemeinsamkeit und das Verständnis füreinander.

→ Vorurteile beiseiteräumen

Noch immer gibt es jede Menge Vorurteile gegenüber hauptverantwortlich erziehenden Vätern und im Umkehrschluss den »Rabenmüttern«. Wer auch immer meint, Ihre Familiensituation anzweifeln zu müssen, sollte zu hören bekommen: »Wir haben das so entschieden – und das ist gut so.« Wenn Sie beide von Ihrer Lösung überzeugt sind und das auch selbstbewusst äußern, verleiht Ihnen beiden das Stärke und Selbstvertrauen!

Bücher, die weiterhelfen

Mutterschaft / Mutterbild / Working Mum

Brammen, C.: *Die Baby-Frage. Soll ich oder soll ich nicht?*. Oberstebrink

Dürr, A./ Voigt, C.: *Die Unmöglichen. Mütter, die Karriere machen.* Diana

Kister, C.: *Mütter, euer Feind ist weiblich.* Eichborn

Lambeck, S./Zylka, R.: *Das große Jein. Zwanzig Frauen reden über die Kinderfrage.* Rowohlt

Preuschhoff, G.: *Kraft tanken. Energiequellen für gestresste Mütter.* beust

Radisch, I.: *Die Schule der Frauen. Wie wir die Familie neu erfinden.* Deutsche Verlags-Anstalt

Rellin, M.: *Bin ich eine gute Mutter? Frauen erzählen.* Kabel bei Piper

Rubenstein, C.: *Wenn Mütter zu sehr lieben. Kinder erziehen, ohne sich selbst aufzugeben.* Krüger

Schenk, H.: *Wieviel Mutter braucht der Mensch? Der Mythos von der guten Mutter;* Rowohlt

Vinken, B. *Die deutsche Mutter. Der lange Schatten eines Mythos.* Piper

Die erste Zeit mit dem Baby

Glasl, T./Reger, S.: *Survival Guide für die Babyzeit. 333 Tipps von stresserprobten Müttern.* GRÄFE UND UNZER VERLAG

Schulte, A./Schweiger, D. u.a./bellybutton: *Das große Babybuch. Alles für's erste Jahr.* Rowohlt

Väter

Gesterkamp, T.: *Die neuen Väter zwischen Kind und Karriere;* Herder spektrum

Beyer, L. *Das Baby-Buch für neue Väter.* Goldmann

Richter, R./Schäfer, E. *Das Papa-Handbuch.* GRÄFE UND UNZER VERLAG

Familie / Erziehung

Cuddeford-Jones, M.: *Best of Mama. Geniale Ideen, die Müttern und Kindern Spaß machen.* Bastei Lübbe

Dornes, M.: *Die Seele des Kindes. Entstehung und Entwicklung.* Fischer

Dreikurs, R./Soltz, V.: *Kinder fordern uns he-raus. Wie erziehen wir sie zeitgemäß?* Klett-Cotta

Juul, J.: *Was Familien trägt.* Kösel

Maywald, J./Schön, B.: *Krippen. Wie frühe Betreuung gelingt. Fundierter Rat zu einem umstrittenen Thema.* Beltz

Schoenaker, T./Schoenaker J./Platt, J.: *Die Kunst, als Familie zu leben.* Herder Spektrum

Walter, G.: *Die schönsten Spiele für drinnen und draußen, 250 tolle Ideen für Kinder von 4–10.* GRÄFE UND UNZER VERLAG

Walitzek-Schmidtko, E.: *Wenn Paare sich Kinder, Küche und Karriere teilen.* Rowohlt

Zeitmanagement, Organisation, Selbstmanagement

Allen, D.: *Wie ich die Dinge geregelt kriege. Selbstmanagement für den Alltag.* Piper

Küstenmacher, W.T.: *Simplify your life. Einfacher und glücklicher leben.* Campus

v. Münchhausen, Dr. M. : *Zeit gewinnen mit dem inneren Schweinehund.* GRÄFE UND UNZER VERLAG

Nussbaum, C.: *Familien-Alltag sicher im Griff.* GRÄFE UND UNZER VERLAG

Karriere / Job

Asgodom, S.: *Balancing – das ideale Gleichgewicht zwischen Beruf und Privatleben.* Econ

von Au, F.: *Erfolgreich auftreten im Beruf.* GRÄFE UND UNZER VERLAG

Bohn, S. *Karriere Kick Kind. So erfüllt sich ihr Wunsch nach Familie und Erfolg im Beruf.* Bildung und Wissen

Dannemeyer, P.: *Konflikte lösen*; GRÄFE UND UNZER VERLAG

Duff, Carolyn S./Cohen, B.: *Wenn Frauen zusammen arbeiten. Solidarität und Konkurrenz im Beruf.* Fischer

Schütte, E.: *Karriereplanung für Frauen.* Falken

Segschneider, D.: *Geld macht doch glücklich! Der Finanzfahrplan für Frauen.* mvg

Öttl, C./Härter, G.: *Selbstmarketing. Zeigen Sie, was in Ihnen steckt.* GRÄFE UND UNZER VERLAG

Partnerschaft

Heinemann, H.M.: *Eltern werden – Liebespaar bleiben. 50 Tipps, damit die Liebe überlebt.* Rowohlt

Jellouschek, H: *Liebe auf Dauer. Die Kunst, ein Paar zu bleiben.* Kreuz

Kaloff, S./ Puri, N.: *Elternkrankheiten. Geschickt vorbeugen. Messerscharf erkennen. Erfolglos behandeln.* Droemer/Knaur (ein nicht ganz ernst gemeinter, aber ungemein unterhaltsamer Ratgeber für gestresste Eltern – gemeinsame Lacher garantiert!)

Reger, S./ Glasl, T.: Liebes Coach - Blitzschnelle Lösungen für den Beziehungsalltag GRÄFE UND UNZER VERLAG

Zurhorst, E.-M.: *Liebe dich selbst, und es ist egal, wen du heiratest.* Goldmann Arkana

Alleinerziehende / Patchworkfamilien

Herbold, A.: *M.O.M. Mutter ohne Mann. Warum Alleinerziehende so verdammt glücklich sind.* Marion von Schröder

Largo, R.H./ Czernin, M. *Glückliche Scheidungskinder. Trennungen und wie Kinder damit fertig werden.* Piper

Link, B.: *Moderne Familienformen. Navigationshilfe für Alleinerziehende und Patchworkfamilien.* Humboldt

Internetadressen, die weiterhelfen

Kinderbetreuung

www.zu-hause-gesund-werden.de (häuslicher Betreuungsdienst für kranke und genesende Kinder im Raum München)

www.au-pair-box.com (Vermittlung von Au-Pairs und Kindermädchen)

www.nanny.de (Vermittlung von Au-Pairs in Deutschland)

www.au-pair-society.org (Verband zur Qualitätssicherung von Au-Pair-Einsätzen, vermittelt selbst nicht, verweist aber auf Partnerverbände)

www.hauspersonalagentur.de (Vermittlung von Hauspersonal – von Kinderfrauen, über Köche bis zu Chauffeuren)

www.leihomaservice.de (Vermittlung von Leihomas zur Kinderbetreuung in München)

www.agenturmarypoppins.de (Babysitteragentur für einige Großstädte Deutschlands)

www.betreut.de (Vermittlung von Kinder-, Tier-, Seniorenbetreuung und Nachhilfe)

www.tagesmuetterbundesverband.de (Linkliste für die Vermittlung von Tagesmüttern und Babysittern)

Schwanger im Job/ Working Mum/ Elternzeit

www.femity.net (Internet-Community für berufstätige Frauen und Mütter)

www.bmfsfj.de (Website des Bundesfamilienministeriums, Informationen zur Gesetzeslage z.B. Mutterschutz, Elternzeit, Elterngeld)

www.bundesrecht.juris.de/muschg (das Mutterschutzgesetz online, inkl. Sonderregelungen)

www.shmk.ch (Informationen rund um Mutterschutz, Elterngeld und Co. in der gesamten Schweiz)

www.bsv.admin.ch (Schweizerische Eidgenossenschaft, Bundesamt für Sozialversicherungen)

www.bmgfj.gv.at (Österreichisches Bundesministerium für Gesundheit, Familie und Jugend)

Beruf und Karriere

www.bpw-germany.de (eines der größten internationalen Frauennetzwerke)

www.berufstaetige-muetter.de (VBM Verband berufstätiger Mütter e.V., der einzige Verband, der Lobbyarbeit für berufstätige Mütter leistet)

www.frauennetzwerk-connecta.de (Berufsübergreifendes Frauennetzwerk)

www.ewmd.org (European Women Management Development International Network)

www.schoene-aussichten.de (Frauennetzwerk für Selbstständige und Unternehmerinnen)

www.kuenstlersozialkasse.de (für selbstständige Kreative)

www.monster.de (Jobangebote aus Deutschland, Europa und der Welt)

www.jobpilot.de (Stellenmarkt für Europa)

www.gehaltsvergleich.com (Hier kann das eigene Gehalt mit branchenüblichen Gehältern anonym verglichen werden)

www.frauenmachenkarriere.de (Das Ministerium für Familie, Senioren, Frauen und Jugend informiert und unterstützt Frauen im Job)

www.familienservice.de (Work-Life Balance, Betreuung, Service, Dienstleistungen)

Familienfreundliche Unternehmen

www.beruf-und-familie.de (Informationen rund um familienfreundliche Unternehmen, Liste aller familienfreundlich zertifizierten Unternehmen zum Download)

www.mittelstand-und-familie.de (unterstützt mittelständische Unternehmen auf dem Weg zu mehr Familienfreundlichkeit)

Hilfen und Helfer/ Haushalt

www.arbeitsagentur.de (hilft bei der Vermittlung von geeignetem Hauspersonal)

www.kbs.de (Bei der Knappschaft Bahn-See kann man unter »Minijob-Zentrale« private Beschäftigte im Haushalt – z.B. Putzhilfen – kostengünstig zur Sozialversicherung anmelden.)

www.oekokiste.de (bundesweite Liste von Anbietern, die frisches Biogemüse liefern)

www.food-shop24.com (Lebensmittel rund um die Uhr online bestellen)

www.babywalz.com (Alles rund um Baby und Kind online aussuchen und bestellen)

www.bellybutton.de (Schönes und Praktisches für Schwangere, Mütter, Babys und Kinder)

www.kidsgo.de (Termine und Adressen von Hebammen, Babypflegekursen, Flohmärkten... für viele deutsche Städte)

www.rossmann.de (Vom Kinderbettchen bis zur Windel –Baby und Kind gut versorgt)

www.meinestadt.de (gezielte Suche nach Einrichtungen, wie Kinderkrippen, -tagesstätten in der jeweiligen Stadt bzw. Region)

www.amorebio.de (24h Lieferservice für Naturkostprodukte)

Allein mit Kind

www.mehrgenerationenhaeuser.de (»Palme«-Projekt, siehe Seite 141)

www.olg-duesseldorf.nrw.de (Die sogenannte Düsseldorfer Tabelle des Oberlandesgerichts Nordrhein-Westfalen)

Register

Wichtiger Hinweis

Impressum

Programmleitung
Ulrich Ehrlenspiel
Redaktion
Christine Kluge
Bildredaktion
Henrike Schechter
Lektorat
Cornelia Klaeger
Layout
independent Medien-Design (Claudia Hautkappe)
Satz
abavo GmbH, Buchloe (Andreas Linnemann)
Herstellung
Susanne Mühldorfer
Reproduktion
Longo AG, Bozen
Druck und Bindung
Druckhaus Kaufmann, Lahr

Bildnachweis:
Corbis: Seite 6, 25, 42 o. re, 55, 86, 95, 102 o. li, 120, 136 o. li, 136 u. li, 140, 142, 151 o. li, 156, 158;
Fotofinder/ Keystone: Seite 42 o. li;
Getty: Seite 20, 34, 58 o. li, 79, 102 o. re, 127, 136 o. li;
GU: Cover (M. Weber)
Jump: Seite 12 o. re, 150 o. re;
Mauritius: Seite 151 o. re;
Plainpicture: Seite 12 o. li, 58 o. re;
Privat: Seite 16, 74, 84, Umschlag Innenseite;
Stillsonline: Seite 122, 136 u. re, 137 re;
Stockfood: 132, 133, 150 o. li;

ISBN
978-3-8338-1503-4
1. Auflage 2009

Die **GU-Homepage** finden Sie im Internet unter **www.gu-online.de**

GRÄFE UND UNZER
Ein Unternehmen der GANSKE VERLAGSGRUPPE

DAS ORIGINAL MIT GARANTIE GU

Unsere Garantie

Alle Informationen in diesem Ratgeber sind sorgfältig und gewissenhaft geprüft. Sollte dennoch einmal ein Fehler enthalten sein, schicken Sie uns das Buch mit dem entsprechenden Hinweis an unseren Leserservice zurück. Wir tauschen Ihnen den GU-Ratgeber gegen einen anderen zum gleichen oder ähnlichen Thema um.

Liebe Leserin und lieber Leser,

wir freuen uns, dass Sie sich für ein GU-Buch entschieden haben. Mit Ihrem Kauf setzen Sie auf die Qualität, Kompetenz und Aktualität unserer Ratgeber. Dafür sagen wir Danke! Wir wollen als führender Ratgeberverlag noch besser werden. Daher ist uns Ihre Meinung wichtig. Bitte senden Sie uns Ihre Anregungen, Ihre Kritik oder Ihr Lob zu unseren Büchern. Haben Sie Fragen oder benötigen Sie weiteren Rat zum Thema? Wir freuen uns auf Ihre Nachricht!

Wir sind für Sie da!
Montag – Donnerstag: 8.00 – 18.00 Uhr;
Freitag: 8.00 – 16.00 Uhr
Tel.: 0180 - 5 00 50 54*
Fax: 0180 - 5 01 20 54*
E-Mail: leserservice@graefe-und-unzer.de
*(0,14 €/Min. aus dem dt. Festnetz/ Mobilfunkpreise können abweichen.)

P.S.: Wollen Sie noch mehr Aktuelles von GU wissen, dann abonnieren Sie doch unseren kostenlosen GU-Online-Newsletter und/oder unsere kostenlosen Kundenmagazine.

GRÄFE UND UNZER VERLAG
Leserservice
Postfach 86 03 13
81630 München